Gundolf Lauktien

Lehrer – nein danke

Originalausgabe – Erstdruck

Gundolf Lauktien

Lehrer – nein danke

Eine Persiflage
über
Menschliches
überaus Menschliches

Schardt Verlag Oldenburg

Bibliographische Information der Deutschen Bibliothek:

Die Deutsche Bibliothek verzeichnet diese Publikation in *Der Deutschen Nationalbibliografie*; detaillierte bibliographische Daten sind im Internet über *http://dnb.ddb.de* abrufbar.

Titelzeichnung: Christoph Strauss
(www.christoph-strauss.de)

1. Auflage 2007

Schardt Verlag
Uhlhornsweg 99a
26129 Oldenburg
Tel.: 0441-21779287
Fax: 0441-21779286
Email: schardtverlag@t-online.de
Herstellung: Fuldaer Verlagsanstalt

ISBN 978-3-89841-322-0

Montagmorgen

„Da sind ja schon wieder Haare in der Dusche! Diese Göre! Und wer macht jetzt hier sauber? Ich, der Trottel der Familie! Da kann man reden und reden. Bezahlt sie den verstopften Abfluss? Die Rechnung müsste man ihr vom Taschengeld abziehen. Na, der Tag fängt ja gut an!"

Es klopft an der Badtür: „Chéri, was brabbelst du denn schon am frühen Morgen vor dich hin? Der Tag hat ja noch gar nicht richtig angefangen."

„Ich höre nichts, ich stehe unter der Dusche", dröhnt es aus dem Bad, „du weißt ganz genau, dass ich dann nichts verstehe." – Eddi, du musst trotzdem aufpassen. In letzter Zeit hast du öfter laut gedacht. Die Schüler lachen schon. Du wirst alt, mein Lieber.

Mürrisch kommt Edgar Hämpel in die Küche. Seine Frau Nathalie gießt Kaffee ein und sieht ihn fragend an. „Du hast heute aber lange im Bad gebraucht. Musst du nicht zur ersten Stunde?"

„Nein, wir Lehrer haben heute Wandertag, und die Schüler werden von ihren Eltern unterrichtet. Die wissen sowieso alles besser."

Nathalie setzt abrupt die Kaffeekanne ab. „Wie wäre es mit einer vernünftigen Antwort?"

„Natürlich muss ich zur ersten Stunde. Ich muss montags immer zur ersten Stunde!"

„Na, du hast ja heute Morgen eine Laune, mon trésor! (mein Schatz)!"

Hämpel verdreht die Augen. „Dann frag mal unsere Mademoiselle, warum sie es nicht schafft, nach dem Haare waschen die Dusche sauber zu machen."

„Was ist daran so schwierig, wenn du sie selber fragst? Erkläre mir mal lieber, warum du hier derartig schlechte Laune verbreitest!"

„Es geht hier nicht um mich. Ich habe keine Lust, schon wieder den Klempner anzurufen. Allein dafür, dass der sich hierher bewegt, zahlen wir glatt 25 Euro."

„Im Augenblick geht es mir aber ausschließlich um dich, mon trésor."

Hämpel holt tief Luft und schließt die Augen. Das macht er immer, wenn er etwas Grundsätzliches zu sagen hat. „Erstens: Ich bin heute Morgen bestens aufgewacht, einschließlich guter Laune – bis ich die Haare in der Dusche sah. Zweitens muss es möglich sein, berechtigte Kritik zu äußern. Drittens wäre ich dir dankbar, wenn du mich bei Dingen, die uns alle angehen, unterstützen würdest."

„Und viertens?" fragt Nathalie lächelnd. Hämpel ist irritiert. „Wie – was? Ich habe drei logisch nachvollziehbare Aussagen gemacht."

„Natürlich, chéri! Aber viertens fehlt. Von welchen Dingen sprichst du?"

„Dann erkläre ich es dir noch mal: Also, unsere Tochter Lucienne hält es regelmäßig für nicht möglich – äh nötig – ihre Haare aus der Dusche zu nehmen. Das sind Dinge, die viertens auch dich zu interessieren haben, denn die Reinigung eines verstopften Abflusses müssen nämlich fünftens wir bezahlen und nicht sie. Verständlicher kann ich es nicht erklären."

Nathalie nimmt ihren Mann fest ins Visier. Das macht sie immer, wenn sie zum entscheidenden Gegenschlag ausholt. „Lucienne ist übrigens gar nicht da."

„Wieso ist sie nicht da? Davon weiß ich ja gar nichts."

„Natürlich weißt du davon, mon chou-chou (mein Kohlköpfchen). Schließlich hat sie dich gefragt, ob sie vor der Klassenfahrt bei Laura übernachten darf."

„Wer ist Laura?"

„Diese Frage hattest du ihr auch gestellt. Aber ich erkläre es dir noch einmal." Wenn Nathalie ungeduldig wird, dann spricht sie immer besonders artikuliert. „Laura ist ihre neue Schulfreundin. Bei ihr hat Lucienne von gestern zu heute übernachtet – mit deiner ausdrücklichen Erlaubnis. Und in etwa einer Stunde fahren beide auf Klassenfahrt. Wo bist du bloß mit deinen Gedanken?"

Hämpel versucht sich zu erinnern. Um sein Kurzzeitgedächtnis ist es in letzter Zeit nicht sonderlich bestellt. Das kommt vom Stress in der Schule. Krampfhaft sucht er nach Worten: „Na, du hast ja heute Morgen eine Laune." Etwas Besseres fiel ihm nicht ein.

„Wie bitte?" Nathalie stemmt den linken Arm in die Hüfte. Du hast doch schon im Bad herumgetobt."

„Ich habe bestenfalls ein bisschen vor mich hin gebrabbelt, und zwar weil ich die Haare von Lucienne – äh – ja wessen Haare sollen es dann gewesen sein?“

Nathalies Stimme wird wieder sanft: „Chéri, wer war denn gestern Abend als letzter im Bad?“

„Etienne! Dem ist das auch zuzutrauen.“

„Der Junge wäscht sich abends nie die Haare.“

„Natürlich, nimm ihn nur in Schutz, deinen Schatz, dein ganzer Stolz.“

„Warum Ehemänner immer eifersüchtig auf ihre Söhne sein müssen. Nebenbei bemerkt – ich war auch nicht die letzte im Bad.“

„Warum Frauen immer das letzte Wort haben müssen. Scheiße! Ich muss los! Ich komme zu spät!“

„Aber chéri, überprüfe mal deinen Wortschatz.“

Hämpel packt die wilde Hektik. Rasend fegt er durch die Wohnung. Jetzt nur nichts vergessen: Den Sportteil der Tageszeitung für die erste Freistunde, sein Pausenbrot – gut, dass er sich gestern Abend selbst drum gekümmert hat, der Skandinavienkatalog für die zweite Freistunde, Handy, Brieftasche, Schlüsselbund und die Unterrichtsvorbereitungen.

„Brauchst du heute den Wagen?“ ruft er aus dem Arbeitszimmer.

„Nein.“

„Gut, dann nehme ich das Auto, sonst schaffe ich’s nicht mehr.“

„Dann musst du aber auch den Einkauf erledigen. Ich sehe nicht ein, dass ich jetzt die schweren Kisten ...“

„Hast du nicht eben gesagt, du brauchst das Auto nicht? Etienne kann dir doch helfen.“

„Etienne geht von der Schule direkt zum Training. Heute ist Montag. Montags hat er immer Training. Aber das weißt du doch.“

„Nein, das weiß ich eben nicht. Es hätte mich auch gewundert, wenn das mit dem Einkauf geklappt hätte. Wo ist der Einkaufszettel? Wo steht der Wagen?“

„Ich habe keine Ahnung. Gestern bist du als letzter ...“

„... im Bad gewesen und auch als letzter Auto gefahren. Ich weiß, ich weiß. Deine Belehrungen helfen mir jetzt herzlich wenig. Trotzdem, vielen Dank für deine Hilfe – und tschüss.“

„Vergiss das Sieb nicht.“

Hämpel stutzt. „Was für ein Sieb?“

Nathalies Augen blitzen. „Ein kleines Sieb für den Abfluss in der Dusche, damit er nicht verstopft, wegen der Haare. Versteht du, mon chou-chou?“

„Natürlich verstehe ich, ein Sieb“, sagt er mit provozierender Lockerheit. „Äh – wo bekommt man so ein Sieb?“

„Ist ja nicht viel dran an so einem Sieb. Ich denke mal – überall. Das dürfte doch kein Problem sein.“

„Aber natürlich, kein Problem, wird sofort erledigt, am besten noch vor dem Unterricht – und tschüss.“ Laut fällt die Tür ins Schloss.

Hämpel eilt die Treppe hinunter. Eine Etage tiefer stellt sich ihm Nachbar Brettschneider in den Weg, der mit seinem Pitbull gerade Gassi gehen will. Der Hund bellt.

„Herr Hempel, nur einen Augenblick bitte.“

„Hämpel! Hämpel mit ä bitte.“

„Von mir aus“, wiehert es zurück. Der Nachbar, unrasiert, ungekämmt und ein bisschen schmuddelig, hat eine hohe Fistelstimme: „Also, Herr Hempel, Sie und Ihre Kinder – Ihre Frau nicht, die ist schamant –, aber Sie poltern immer so laut die Treppe runter. Die Treppe ist doch nicht nur für Ihnen da. Hunde haben ein empfindliches Gehör, und mein Rambo ist dann immer nicht gut drauf. Wenn Sie das nichts ausmacht. Sie sehen ja.“

Hämpel drückt sich fest an die Wand: „Nein, ich höre nur – äh – ich verstehe nichts. Nun nehmen Sie Ihren Hund doch endlich etwas kürzer an die Leine, damit ich vorbei kann. Die Treppe ist doch nicht nur für Sie da. Aber nur, wenn es Ihnen nichts ausmacht.“

Vorsichtig schiebt Hämpel sich an Hund und Nachbar vorbei. Ein beißender Geruch sticht ihm in die Nase, schwer auszumachen von wem, vom Hund oder vom Nachbarn. Endlich auf der Straße angekommen, hört Hämpel plötzlich seinen Namen. „Eddi, chéri, du hast den Einkaufszettel vergessen.“

„Kannst du mir den runterbringen?“

„Ich – im Bademantel?“

„Dann zieh dir etwas drüber!“

„Über den Bademantel?“

Hämpel schüttelt den Kopf, winkt ab. Woher soll man wissen, was frau über den Bademantel ziehen könnte. Doch jetzt ist nicht die Zeit für lange Diskussionen. Also noch mal zurück. Er stößt die Haustür auf, und vor ihm steht der empörte Nachbar mit seinem bellenden Pitbull.

„Aber Herr Hempel, Sie poltern ja schon wieder so rum. Mein Rambo wird noch ganz neurologisch von Ihnen."

„Und ich komme wegen Ihnen noch zu spät. Passen Sie mal lieber auf, dass Ihr neurotischer Hund seinen Haufen nicht ausgerechnet vor meine Autotür setzt."

Nachbar Brettschneider schnieft laut durch die Nase: „Also das lassen wir aber nicht auf uns sitzen! Was, mein kleines Scheißerchen?"

Hämpel nimmt zwei Stufen auf einmal. Das soll mir mal einer nachmachen in meinem Alter! Nathalie kommt ihm entgegen. Pustend nimmt er ihr den Zettel aus der Hand. „Wie viel bezahlen wir eigentlich für eine Trainingsstunde von Etienne? Mein morgendliches Training ist jedenfalls kostenlos – und tschüss."

„Vergiss nicht, heute Abend kommt Herr Linker, ist wichtig!"

„Was ist im Leben schon wichtig – ach so, der Steuerberater, meinetwegen."

„Ich meine ja nur, dass du die Unterlagen zusammensuchst."

„Aber natürlich, auch das wird alles noch vorm Unterricht erledigt."

„Ach, mon trésor, au revoir." Nathalie will ihrem Mann einen Kuss geben, aber er wendet sich zum Gehen.

Leise schleicht Hämpel an der Tür des Pitbullhalters vorbei. Völlig unnötig, denn der dreht mit seinem Rambo gerade die morgendliche Runde. Auf der Straße beschleunigt Hämpel seine Schrittfrequenz wieder. Eddi, wo hast du bloß dein Auto abgestellt? Du müsstest dir abends eine Notiz machen, einen Zettel auf den Schreibtisch legen. Aber bei deinen vielen Notizen ... Nathalie könnte sich ja auch mal was einfallen lassen. Immer diese Fragerei: Wo steht das Auto? Du musst gleich heute Abend mit ihr reden, sonst wird das nichts!

Wie oft schon hat Hämpel sich das vorgenommen? Es wurde nichts. Und so ist er im Autosuchen geübt. Einmal die Straße rauf und runter, einmal links, dann rechts und noch einmal rechts, er hat es gefunden. Schon ist er unterwegs zur Schule – im Schritttempo. Montagmorgen, Berufsverkehr. Hämpel hat viel Zeit zum Nachdenken. Eddi, du mit deiner schlechten Laune. Das hat Nathalie nicht verdient. Du bist unmöglich. Deine Haare und dann die Kinder beschuldigen. Aber das mit dem Sieb war auch nicht okay von ihr. Ich bin im Stress, und sie fängt von dem Scheißsieb an. Eddi! Du musst dich wirklich zusammennehmen. Diese Kraftausdrücke, das geht nicht mehr so weiter. Du verlierst deinen guten Stil. Klar, die Schüler haben ihn dir versaut mit ihren fäkalischen Kraftausdrücken. Ach, komm, du kannst nicht alles auf andere schieben ...

Gedankenversunken zuckelt Hämpel langsam durch den Stadtverkehr.

Wer ist Lehrer Hämpel?

Edgar Hämpel ist 62 Jahre alt, aber die sieht man ihm nicht an, findet er. Erst letzte Woche wurde er von einem neuen Kollegen glatt zehn Jahre jünger geschätzt. Das tat mal richtig gut.

Seit dem sechzigsten Geburtstag streicht er jeden Morgen eine Zahl aus seiner Exceltabelle, die er eigens für seine Pensionierung angelegt hat. Mit dem heutigen Datum sind es noch exakt 952 Tage. Sonn- und Feiertage natürlich mitgerechnet, denn ein Lehrer arbeitet immer, selbst in den Ferien – auch wenn das niemand wahrhaben will.

Hämpel verrichtet sein Tagewerk an der Goetheschule, einem Gymnasium mit integrierter Gesamtschule. Knapp tausend Schüler und 96 Lehrer drängeln sich in dem viel zu kleinen, alten, roten Backsteinbau. Aber es werden von Jahr zu Jahr weniger – Schüler wie Lehrer. Hämpel unterrichtet Geschichte, Philosophie und Religion – für ihn die wichtigsten Fächer überhaupt. Denn es gibt nichts, was nicht in der Geschichte seinen Platz hätte. Alles, was alt ist, hat Bestand. Das Neue muss sich erst bewähren. Bei der Philosophie erübrigt sich jede Erklärung. Die Fragen nach Sein und Sinn prägen schließlich das ganze Leben. Und religiöse Riten wurden schon zelebriert, als an Sprache noch gar nicht zu denken war, bestenfalls an Zeichensprache. Also: Alles andere kam später, viel später!

Zu Hämpels Kummer verkennt man an der Schule die Bedeutung seiner Fächer. Seine Kollegen sprechen wichtigtuerisch von den Hauptfächern und meinen Deutsch oder Mathematik. Dabei ist die Zahlenmystik viel älter. Da gab es das Wort Mathematik noch gar nicht. Und wie oft werden seine Nebenfächer in die Randstunden verbannt, montags erste und freitags achte Stunde, wenn kein Schüler mehr ansprechbar ist. Aber Hämpel lässt sich nicht unterkriegen. Heute, da alle Welt den Werteverfall beklagt, weiß er um die Bedeutung seiner Fächer. Außerdem ist er, wenn auch kein Meilenstein, so doch ein Mosaikstein in der großen, weiten Menschheitsgeschichte. Dieses Bewusstsein kann ihm niemand rauben. Das gibt Kraft für jeden Tag.

Hämpel ist stolz auf sich. Mit seinen 37 Dienstjahren liegt er weit über dem Durchschnitt. Und in drei Jahren, wenn für ihn in der Schule der Hammer fällt, werden es stattliche vierzig Dienstjahre sein. Viele Lehrer halten gar nicht so lange durch. Sie machen vorzeitig schlapp, gehen in die Verwaltung, verkaufen Eis, werden Politiker oder lassen sich vorzeitig berenten und gucken entnervt aus dem Fenster. Aber nicht Hämpel! Seine paar Krankheitstage kann man an den Fingern einer Hand abzählen. Das soll ihm erst mal einer nachmachen.

Als Hämpel anfing, war er ein wilder 68iger, weit Linksaußen, der für alternative Lernmethoden und individuelle Freiheitssuche kämpfte. Die Schüler dankten es ihm, indem sie über Tische und Bänke gingen und Hämpel kurz vor der Klapse stand, quasi beim Pförtner schon mal nach einer freien Gummizelle fragte. Dass es seinen Kollegen nicht anders erging, war nur ein schwacher Trost. Doch einige kriegten die Kurve und besannen sich auf einen ganz normalen Unterricht, bei dem der Lehrer auch mal eine Frage stellen darf und die Schüler zu antworten haben. Hämpels Kurve fiel mit 180 Grad freilich etwas scharf aus, sodass er mit zunehmendem Alter ein klassischer Rechtsaußen wurde – pädagogisch natürlich, nicht politisch. Ihm ist wichtig, als Lehrer von echtem Schrot und Korn zu gelten. Die Schüler sind zum Lernen in der Schule und nicht, um in gruppendynamischen Identitäts- und Zugehörigkeitsprofilierungen Selbsterfahrungen mit ihrem Bauchgefühl zu machen. Bei den unzähligen unsäglichen Weiterbildungen hat er nie einen Hehl daraus gemacht, dass es immer noch der Lehrer ist, der hier etwas beizubringen hat. Einige Schwachköpfe in den Behörden glauben ja, dass durch identitätsstiftende Interaktionen, pädagogische Paradoxien und andere autodidaktische Sequentilitäten die Schüler selbst die Unterrichtsinhalte mitbestimmen sollen. Heute kann Hämpel über diese Wichtigtuer nur lächeln. Er nimmt's gelassen. Die 952 Tage hält er auch noch durch.

Wenn ihn etwas gestört hat in seinen 37 Dienstjahren, dann war es sein Name. Kam er neu in eine Klasse, ging das Gekicher los: „Hempel? Hier sieht's ja aus wie bei Hempels unterm Sofa" oder „Hempel – Lempel, wie bei Max und Moritz". Dabei wird sein Name mit ä geschrieben. Darauf legt er großen Wert. Denn das Ä droht aus unserem Sprachgebrauch zu verschwinden. Die Leute sagen alle Wösche statt Wäsche und Meerchen statt Märchen. Wenn sie die Lärche meinen, sagen sie aber Lerche, sprechen also vom Vogel statt vom Nadelbaum. Bei Färse und Ferse wird derselbe Fehler gemacht. Selbst bei Pädagogik ist das Ä nicht immer deutlich herauszuhören. Es ist zu befürchten, dass bei der nächsten Rechtschreibreform, die längst überfällig ist, das Ä getilgt wird. Doch damit es nicht so weit kommt, kämpft Hämpel für den Erhalt des Ä. Das ist er seinem Namen und der deutschen Sprache schuldig.

Hämpel ist verheiratet, und das seit 24 Jahren. Darauf ist er stolz, denn wieder liegt er über dem Durchschnitt. Gewiss, er hat relativ spät geheiratet. Die Jahre davor galten einzig und allein den Studien und der Schule. Nathalie, zwölf Jahre jünger und Französin, lernte er auf einer dieser unzähligen unsäglichen Weiterbildungen kennen. Eine Entschädigung für die vielen sinnlosen Sitzungen. Nathalie, Lehrerin für Deutsch und Französisch, zur Zeit allerdings arbeitslos, brachte Struktur in sein Leben: Wie man Ordnung hält, die Schultasche packt, Geld einteilt, Hemden bügelt, den Körper pflegt, Französisch spricht, den Tisch deckt und wie man Rotwein und die Liebe genießt. Hämpel zeigte sich gelehrig. Nur mit dem morgendlichen Aufstehen und mit seiner Fußballleidenschaft hapert es noch ein wenig. Aber diese kleinen Unarten sind bei Nathalie in guten Händen.

Zur Familie gehören noch zwei Kinder – wieder wird der Bundesdurchschnitt überboten. Etienne ist zwanzig und macht gerade sein Abitur, und Lucienne, fünfzehn Jahre alt, geht in die 9. Klasse. Hämpel ist stolz auf die beiden, auch wenn sie bei allen Arten ganz nach der Mutter und bei allen Unarten komischerweise nach ihm kommen. Diese merkwürdigen Launen der Natur sind auch für einen Philosophen nicht so ganz durchschaubar. Ansonsten geht es bei Hämpels zu wie in allen Familien. Es wird gearbeitet und gefaulenzt, gelacht und gestritten, geredet und geschwiegen, gekleckert und geputzt und in den Oster- und Herbstferien nach Frankreich gereist. In diesem Punkt eine normale durchschnittliche Familie.

Hämpel frönt zwei Leidenschaften: Literatur und Fußball. Im Laufe der Jahre füllten gut sechstausend Bücher seine Regale und Wände, von denen er die Hälfte gelesen hat, großzügig gerechnet. In den Studienjahren hat er noch ein Buch pro Woche geschafft. Später wurde jedes neu gekaufte Buch nur noch angelesen. Und heute sagt er sich, man muss es wenigstens mal angefasst haben. Auch wenn viele Bücher ungelesen bleiben, so verbreiten sie doch eine Atmosphäre der Bildung. Sie strahlen Wissen und Inspiration aus.

Die zweite Leidenschaft ist der Fußball. Auf den alten Traditionsclub seiner Heimatstadt lässt er nichts kommen. Wenn er auch sonst lärmempfindlich ist, das Gegröle auf den Rängen stört ihn nicht. Im Gegenteil. Auch Hämpel lässt hier gern die Sau raus. Am liebsten würde er wieder in der Fankurve stehen und mit den anderen die Gesänge anstimmen. Aber vor ein paar Jahren hat er sich mal in der Wortwahl vergriffen. Als er lauthals schrie: „Jetzt hau ihm doch endlich eine rein – Junge, nimm die Blutgrätsche!“ da drehten sich doch zwei seiner Schüler zu ihm um. Seitdem zieht Hämpel sich lieber auf die teureren Ränge zurück, wo es zu seinem Bedauern viel zu gesittet zugeht. Außerdem kann er nun nicht mehr regelmäßig ins Stadion, denn die unverschämten Preise übersteigen sein Taschengeld. So ist das eben, wenn man die Finanzen an die Frau abgibt. Trotzdem lebt in Hämpels Kopf der Fußball weiter. Es kam schon vor, dass er bei einer der unzähligen unsäglichen Sitzungen von seinen Spielern statt von seinen Schülern sprach. Auch rutschte ihm schon mal ein Platzverweis statt eines Schulverweises heraus. Zum Schülervertreter sagte er kürzlich: „Von einem Spielmacher erwarte ich mehr Offensivgeist." Der Ärmste wusste gar nicht, wer und was gemeint war. Das ist so ein Künstlertyp, spielt Geige, blickt melancholisch in die Welt und gibt einem lasch die Hand, wie alle Geigenspieler. Nichts für Hämpel. Fußball ist ein Sport für ganze Kerle. Und man kommt selbst mit den schlimmsten Chaoten gut ins Gespräch, besonders am Montag, wenn Schüler und Lehrer gleichermaßen schlecht drauf sind.

„Kreuzspinne und Kreuzbandriss! Scheiße noch eins!" platzt es aus Hämpel heraus. „Natürlich ist vor dieser beknackten Schule kein Parkplatz mehr frei. Jetzt komme ich wirklich zu spät. Und das alles wegen dieser verdammten Haare!" Hämpel, von der Autofahrt gestresst, brabbelt vor sich hin: „So, Eddi, erstens, du kriegst dich jetzt wieder ein, denn da vorn fährt gerade jemand raus. Zweitens, genug geflucht für heute. Drittens, du wirst Nathalie eine Kleinigkeit mitbringen. Viertens, jetzt sind deine Schüler dran, und du hast auch keine schlechte Laune mehr."

Während Hämpel einparkt, sieht er, wie vier Gestalten im Schutz der Novemberdämmerung vor dem Schulgebäude einen kleinen Smart aus der Parklücke heben und ihn Stück für Stück auf die Straßenmitte bugsieren. Da Hämpel noch nie zwei Sachen gleichzeitig machen konnte, beobachten und einparken, kracht es plötzlich. Durch den Knall aufgeschreckt flüchten die vier Gestalten in das Schulgebäude. Hämpel überlegt, ob er die Verfolgung aufnehmen soll, doch dann entscheidet er sich für sein Auto – den Schaden besehen. Unbedeutend, stellt er beruhigt fest, von seiner Hängerkupplung hat das andere Fahrzeug am Nummernschild nur eine kleine Blessur. Vielleicht war sie aber auch schon vorher da. Nicht der Rede wert. Trotzdem grübelt es in Hämpels Gehirn. Der Wagen gehört dem Böger, ein Pedant erster Ordnung, pingelig hoch drei, verschrien an der ganzen Schule. Wenn ich dem das sage, macht der Stress ohne Ende. Eddi, du bist sowieso zu spät. Hämpel steigt noch einmal ein, ganz wohl ist ihm dabei zwar nicht, doch dann fährt er los und sucht eine neue Parklücke ...

Erste Stunde: Geschichte in der 10a

Montagmorgen, erste Stunde, die Wohlstandsmüdigkeit – ein Horror für jeden Lehrer. Viele Schüler sind vom Wochenende ausgelaugt von Discos, Flatrate-Partys, Computerspielen oder vom Rumchillen, andere vom Jobben in Kneipen und Aldifilialen. Verständlich, dass die eine und der andere sich erst finden, auf Neuhochdeutsch formatieren muss: Bleistifte anspitzen, Füllerpatronen wechseln, Mappe von Brotkrümeln säubern und lose Blätter von der Vorwoche sortieren. Das hilft, um sich auf Lehrer, Langeweile und Rumsitzen in überheizten Räumen – also, um sich auf den ganzen für die Schüler so ätzenden Schulbetrieb einzustellen. Das braucht Zeit, mindestens eine Unterrichtsstunde. Ein guter Lehrer weiß das in seinem eigenen Interesse zu berücksichtigen. Auch Hämpel, schnellen Schrittes, stimmt sich mental auf seine Klasse ein. Eddi, beeile dich, dass dich jetzt bloß keiner sieht! Aber es würde mich nicht wundern, wenn irgendein Schnarchtiger noch mal zum Kopierer müsste – und das nach Unterrichtsbeginn. Schlechte Vorbereitung kann man da nur sagen. Und mich groß angucken, nur weil ich ein paar Minuten zu spät komme. Was kann ich dafür, wenn es um die gesamte Schule herum an Parkplätzen fehlt? Die Schulleitung kümmert sich nicht, und unsereins kann sich hier abhetzen.

Auf der Treppe schlendern zwei Schüler gemächlich nach oben. Sie versperren Hämpel den Weg. Er räuspert sich, drängelt, versucht an ihnen vorbei zu kommen. „Na, meine Herren, vielleicht geht's noch ein bisschen langsamer. Der Unterricht hat doch längst begonnen."

„Hä, wir haben Ausfall. Außerdem kommen Sie selber zu spät." Die Schüler lachen hämisch.

„Davon versteht ihr nichts. Seht ihr mal lieber zu, dass ihr die Freistunde vernünftig nutzt und hier keinen Blödsinn macht."

„Hä, wer behauptet, wir machen Blödsinn?" gibt der eine im gebrochenen Deutsch zurück. Und der andere sagt hinter vorgehaltener Hand: „Was ist denn mit dem los? Seine Alte hat ihn wohl in der letzten Zeit vertrocknen lassen." Hämpel überhört diesen Satz. Ginge er auf jede Frechheit der Schüler ein, käme er nicht mehr zum Unterrichten. Vor der Tür des Klassenzimmers bleibt er kurz stehen und lauscht. Wenigstens sind die Schüler still. Ist ja auch deine Klasse. Kannst du dir gutschreiben, Eddi, dein Werk, deine straffe Hand. Sonst tanzen dir diese Chaoten auf der Nase herum. So, noch einmal tief durchatmen und hinein zu all den kaputten Typen.

„Guten Morgen, ihr lieben Leute. Patrick, Mütze ab! Paul und Ilona, auseinander! Philipp, Kaugummi aus dem Mund! Achmed, Handy aus! Patricia, gefrühstückt wird zu Hause! Und ihr da, Mathehefter weg. Jetzt habt ihr Geschichte! Wer ist mit Tafeldienst dran? Warum wurde das nicht längst erledigt? Steve, also bitte! Ich hoffe, ihr hattet ein schönes Wochenende, freut mich. Wie ich sehe, sind einige schon fleißig beim Lernen, löblich, löblich. Bitte die Schulbücher verteilen. Gregor, welche Seite bitte?"

„Häää?"

„Sabrina, wie heißt es richtig?"

„Wie, was *richtig*?" Die Schülerin verzieht ihr Gesicht zur Grimasse.

Hämpel: „Wenn Gregor nicht die Seitenzahl weiß und fragt mit einem langgedehnten Häää, sodass ihm immer noch der Mund offen steht, dann heißt das richtig wie, Patrick?"

„Ich weiß nicht, worauf Sie hinauswollen. Wenn Sie möchten, dass wir die Lehrbücher zur Hand nehmen, dann können wir aber nicht wissen, welche Seite Sie wünschen."

Hämpel: „Patrick, unser Klassenprimus! Immer sachlich und besonnen, sehr schön. Trotzdem versuchen wir es noch ein drittes Mal: Ich stelle eine Frage, nehme einen Schüler dran, der weiß von nichts und formuliert seine Rückfrage mit einem Häää. Wie müsste diese Rückfrage richtig lauten?"

Schweigen.

Eine Stimme aus dem Mittelfeld des Klassenzimmers: „Was ist denn daran nun so schlimm, wenn jemand mal Häää sagt?" Weitere Schüler machen ihrem Unmut Luft: „Man kann's auch übertreiben."

„Nun machen Sie mal hier keinen Stress."

„Wir wissen gar nicht, was los ist."

Hämpel: „Herrschaften, es ist wichtig, dass ihr euch um eine korrekte und höfliche Wortwahl bemüht. Und Häää ist kein Wort, sondern irgend so ein Urlaut, übrig geblieben aus der Steinzeit."

Verhaltenes Gelächter. Hämpel ist mit sich zufrieden.

„Warum frage ich euch nach der Seitenzahl, anstatt sie einfach vorzugeben? Josephine."

„Ich habe mich doch gar nicht gemeldet!" kommt es entrüstet zurück.

Richtig, sie muss nicht antworten. Eine Elterninitiative bewirkte diesen Beschluss der Schulkonferenz, dass nur noch die Schülerinnen und Schüler zur Wortmeldung rangenommen werden dürfen, die das vorher per Handzeichen deutlich kenntlich gemacht haben. Begründung: Es ist einem/einer Schüler(in) nicht zuzumuten, ohne eigenen Wunsch und Willen plötzlich und unerwartet zum Sprechen aufgefordert zu werden. Der/die so unter Druck gesetzte Schüler(in) wird dadurch in eine für ihn/sie demütigende Stresssituation gebracht, die der Würde eines/einer Heranwachsenden nicht mehr gerecht wird. Sieben oder acht Lehrer hatten dagegen gestimmt. Hämpel gehörte dazu. Für ihn stand von vornherein fest, dass er sich an diesen absurden Beschluss nicht halten wird. Deswegen sagt er ziemlich gereizt: „Ich nehme dich aber trotzdem dran."

„Ich habe aber trotzdem keine Ahnung." Josephine gähnt gelangweilt.

„Man sollte es wenigstens versuchen."

„Wer ist hier man? Bei man fühle ich mich erst recht nicht angesprochen." Auch Josephines Ton wird gereizter.

Hämpels Pupillen verengen sich. Diese Feministinnen. Wollen unsere Jahrhunderte lang gewachsene Sprache verballhornen. Man ist man, und damit basta!

„Will Fräulein Josephine wenigstens ein bisschen guten Willen zeigen? Vielleicht fällt ihr die Seitenzahl doch noch ein? Eine gute Mitarbeitsnote kann man wie frau immer gut gebrauchen."

„Mir wird das langsam zu viel, dass Sie so lange auf diese eine Seitenzahl herumreiten."

„Auf *dieser einen* Seitenzahl", verbessert Hämpel, „na schön, wer will die Frage beantworten?"

„Welche Frage?"

„Hendrik, bitte die Frage wiederholen."

„Warum fragt Herr Hempel ..."

„Hämpel! Hämpel mit ä bitte."

„Warum fragt Herr Häääampel nicht einfach so – äh, ich meine, warum sagt Herr Häääampel nicht an, welche Seitenzahl im Buch steht?“ Gelächter.

Einige Mitschüler: „Aufwachen, du Dumpfbacke!“

„Penn dich zu Hause aus, du Schnarchsack!“

Gelächter, Zwischenrufe, Unruhe. Hämpel spürt leichtes Unbehagen. „Stimmt das, Beatrice?“

„Ja.“ Lauteres Gelächter.

„Was ja?“ Hämpel spürt zunehmendes Unbehagen.

„Ja ist ja. Man, was weiß ich?“

Hämpel: „Josephine, was sagst du zu dem *man* von Beatrice?“

„Gar nichts. Ich muss zugeben, man sieht hier gar nicht mehr durch.“

Hämpel: „Aber Josephine, wer ist *man*?“

„Das ist doch scheißegal! Wir wissen gar nicht, um was es hier eigentlich geht.“

„Können wir nicht endlich mit dem Unterricht beginnen?“

Hämpel spürt deutliches Unbehagen. „Leute, wir sind doch mittendrin im Spiel – ich meine, im Unterricht. Die Sache ist doch ganz einfach. Ich frage nach der Seitenzahl, um zu überprüfen, ob ihr wisst, wo wir das letzte Mal stehen geblieben sind.“

Widerspruch bei den Schülern. „Wozu sollen wir denn Seitenzahlen auswendig lernen?“

„Geistlose Beschäftigungstherapie.“

„Das ist doch totaler Schwachsinn!“

Hämpel blickt vielsagend in die Runde. „Das wäre in der Tat totaler Schwachsinn. Messerscharf erkannt. Ich freue mich über euer logisches Denkvermögen. Trotzdem müsst ihr wissen, worum es inhaltlich letzte Stunde ging.“

„Das haben Sie uns aber nicht gesagt.“

„Übers Wochenende dürfen überhaupt keine Hausaufgaben aufgegeben werden.“

„Irgendwann brauchen wir schließlich auch mal ein bisschen Freizeit.“

„Ihr Ärmsten, mir kommen die Tränen“, erwidert Hämpel ironisch, „so seht ihr mir schon aus, keine Freizeit und immer nur für die Schule büffeln.“

„Genauso ist es und nicht anders."

Hämpel: „Na schön, wer so viel büffelt, der weiß dann auch, wo wir letzte Stunde stehen geblieben sind."

„Können Sie nicht langsam mit diesem Thema aufhören, das nervt allmählich."

„Und ich kriege schon Kopfschmerzen", sagt ein Schüler an der Wandseite, „kann nicht mal jemand das Fenster aufmachen?"

Hämpel: „Weniger Fernsehen, weniger Computer, weniger laute Discomusik, dann hat man auch keine Kopfschmerzen."

„Hääă?" kommt es entrüstet zurück, „woher wollen Sie denn wissen, wann, wo, wie ich Kopfschmerzen habe. Das ist doch mein Kopf."

„Erfahrungen, mein Lieber, langjährige Erfahrungen mit Schülern am Montagmorgen nach einem Wochenende."

„Finden Sie nicht, dass Sie mir da was unterstellen? Außerdem bin ich nicht Ihr Lieber."

„Welche Seite sollen wir denn nun aufschlagen?"

Hämpel blättert, sucht und blättert in seinen Unterlagen. Wo stand denn bloß dieser verhexte Text? Diese Schüler können einen völlig meschugge machen. Eddi, du musst dich besser vorbereiten. Ah, hier. „Also, Seite 175. Wer liest? Freiwillige vor – Sabrina, bitte schön."

„Die Aufteilung Afrikas durch Europa. Im 19. Jahrhundert beginnt der Wettlauf um die Aufteilung des schwarzen Kontinents durch die europäischen Mächte." Sabrina liest mit monotoner, nuschliger Stimme. „Noch sind auf der Landkarte weite Teile Afrikas als weiße Flecken gekennzeichnet. Doch die rasche Besitzergreifung nahm 1881 mit der Eroberung Tunesiens durch Frankreich und Ägyptens 1882 durch Großbritannien ihren – hä?" Sabrina bricht ab und stutzt. Einige Schüler fangen an zu tuscheln. Unruhe macht sich breit. Hämpel ist irritiert. „Leute, was ist los?"

„Hatten wir das nicht schon mal?"

„Na klar. Diesen Stuss haben wir letzte Stunde schon gelesen."

„Das ganze Kapitel war doch längst abgehakt."

Hämpel hat sich wieder gefangen: „Na großartig. Endlich macht es mal klick. Das war ja eine schwierige Geburt. Also die Seiten 182 und 183. Die liest jeder still für sich durch und fasst zusammen, inwiefern wir es noch heute mit einer modernen Form des Kolonialismus zu tun haben."

„Können wir das nicht gemeinsam erarbeiten, erst mündlich? So schreibt jeder irgendwelchen Müll auf und muss dann alles noch mal neu schreiben."

„Genau! Das ist doch totale Asche."

Von allen Seiten gibt es Bemerkungen und Zwischenrufe.

„Ich kann dieses Thema nicht mehr hören. Ungerechte Weltwirtschaftsordnung und so. Nur weil die da unten keine Lust zum Arbeiten haben, sollen wir denen auf die Sprünge helfen."

„Die sollen sich nicht so viele Kinder anschaffen."

„Es gibt nun mal Mentalitätsunterschiede." Gelächter.

„Ach, so nennt man das?"

„Die bräuchten bloß ein paar Kondome zu verteilen, aber das dürfen sie ja wieder nicht."

„Genau, die Kirche ist Schuld. Erst lassen sie die Kinder verrecken und dann gehen sie beten."

„Die sollen mehr arbeiten und weniger stöpseln." Dröhnendes Gelächter.

Plötzlich springt eine Schülerin auf. Rilana ist eigentlich ein stilles, scheues Mäuschen, doch jetzt übertönt sie die ganze Klasse: „Sagt mal, habt ihr bloß noch Scheiße im Kopf? Wir sind nur deswegen so reich, weil die Dritte Welt noch immer von uns ausgebeutet wird."

Aljoscha aus einer Aussiedlerfamilie steht ihr bei: „Solange die reichen Industriestaaten die Weltmarktpreise bestimmen, können die da unten machen, was sie wollen. Die bleiben immer arm und kommen nie auf einen grünen Zweig."

„Wie sollen sie auch? Ist ja überall bloß Wüste!" ruft jemand dazwischen. Lautes Gelächter. Das Durcheinander schwillt bedrohlich an.

Hämpel holt tief Luft: „Ruuhee bitte! Herrschaften, solche Sprüche will ich hier nicht hören. Ihr merkt, es ist wichtig, dass wir uns mit diesem Thema beschäftigen. Also, die Seiten 182 und 183!"

„Vielleicht sagen Sie erst mal, was wir jetzt machen sollen?"

„Die genannten Seitenzahlen durchlesen und aus dem Text die modernen Formen des Kolonialismus herausschreiben."

„Wir brauchen gar nicht anfangen. Es klingelt wieso gleich."

„Wenn, dann heißt es *sowieso* und *anzufangen*", belehrt Hämpel. „Wer brauchen ohne zu gebraucht, braucht brauchen gar nicht zu gebrauchen."

„O man, wir haben's verstanden." Einige Schüler atmen hörbar aus, stöhnen, verdrehen die Augen und schütteln mit dem Kopf.

Hämpel: „Das freut mich. Dann habt ihr sicher auch verstanden, dass ihr das Ganze als Hausaufgabe erledigt."

„Wie denn? Wir haben ja gar keine Bücher. Der Klassensatz bleibt doch hier."

„Ach so, das habe ich ganz vergessen. Na gut, dann macht euch so ein paar Gedanken zu diesem Thema. Guckt die Nachrichten. Heute beginnt der Weltwirtschaftsgipfel. Und nächste Stunde reden wir darüber."

„Hää, worüber reden wir? Außerdem stinkt es hier nach Kacke."

„Fenster auf! Hier hat jemand Hundescheiße mit reingeschleppt."

Hämpel stutzt, sieht vorsichtig nach seinen Schuhen. Das darf doch nicht wahr sein! Er muss sofort raus hier. Es ist sowieso gleich Pause. Beim Gehen klingen ihm noch einige Sätze nach: „Erst kommt er zu spät, und dann verpestet er auch noch die Luft, dieses Stinktier."

„Das war heute wieder mal absolute Megascheiße."

„Ich sehe bei dem nicht mehr durch."

„Der sieht nicht mehr durch, das ist es!"

„Der hatte heute totalen Stromausfall."

„Regt euch nicht auf, der Alte liegt sowieso bald in der Kiste."

Pause – Auf der Toilette

Schnaubend vor Wut säubert Hämpel auf der Lehrertoilette seinen rechten Schuh. Das war dieser Brettschneider. Der hat seinen neurotischen Köter gezielt vor meine Autotür gesetzt. Man müsste ein paar vergiftete Hundeknochen auslegen. Was heißt ein paar? Tonnenweise müssten die im Wohngebiet als Köder ausgelegt werden. Die Tür geht auf, und der Kollege Böger kommt herein. Erst stutzt er, dann grinst er: „So etwas soll Glück bringen, nicht wahr?“ Das Lachen klingt gekünstelt.

Während Böger am PP-Becken steht, redet er weiter: „Wissen Sie, Herr Hempel, es ist eine Schande, ach was, ein richtiger Skandal, dass die das nicht in den Griff kriegen. Überall diese Hundehaufen. Nun, die Hunde können ja nichts dafür. Die haben natürliche Bedürfnisse, genau wie wir, nicht wahr? Aber die Hundehalter, sag ich Ihnen; es hängt alles vom Verhalten oder, richtiger gesagt, vom Fehlverhalten der Hundebesitzer ab. Dabei sieht die Stadtordnung klar und deutlich vor, dass ...“

Hämpel hört weg. Lange Erklärungen sind das Letzte, was er jetzt gebrauchen kann. Doch der Kollege Böger lässt nicht locker. Beim Händewaschen redet er weiter: „Ich finde, wir sollten uns das nicht einfach so gefallen lassen. Mit Wegsehen ändert man nichts, gar nichts, sag ich Ihnen. Man muss was tun, nicht wahr, muss sich zu Wort melden, seine Stimme erheben, seine Rechte wahrnehmen, Zivilcourage zeigen, nicht wahr? Sagen Sie, wer ist eigentlich dafür zuständig, das Ordnungsamt, die Straßenreinigung oder gar die Polizei?“

Hämpel schweigt und macht sich noch konzentrierter an seinem Schuh zu schaffen. Böger tippt ihm auf die Schulter: „Wenn ich mir den Hinweis erlauben darf, Herr Hempel, das benutzte Papier tun Sie doch lieber in die Toilette und nicht hier in den Papiereimer. Wegen der Geruchsbelästigung, verstehen Sie?“

„Natürlich verstehe ich das“, kommt von Hämpel gereizt zurück, „was gibt’s denn daran nicht zu verstehen?“ Mit spitzen Fingern greift Hämpel in den Papiereimer. Ohrfeigen könnte er sich, dass er nicht selbst darauf kam.

Böger, die Hand bereits an der Türklinke, ist ein bisschen pikiert. „Entschuldigung, ich wollte Sie nicht kränken. Ich habe nur an die Kollegen gedacht, die nach uns kommen. Man hat ja immer diesen Spruch hier vor Augen, nicht wahr? Verlasse die Toilette so, wie du sie vorzufinden wünschst. Na ja, das Schild macht auch nicht mehr den frischesten Eindruck. Sieht ja richtig unappetitlich aus, nicht wahr? Das muss sofort dem Hausmeister gemeldet werden. Ich werde gleich mal ...“

Es klingelt. Böger sieht erschrocken zur Uhr. „Oje, fünf Minuten sind aber entschieden zu kurz, nicht wahr? Wie soll man das denn schaffen? Stellen Sie sich vor, jemand hat hier ein größeres Geschäft zu verrichten. Das ist doch glattweg unmöglich, nicht wahr? Man sollte bei der nächsten Dienstbesprechung noch mal grundsätzlich über die Pausenzeiten reden. Jetzt müssen wir uns aber mächtig sputen. Wir wollen doch nicht zu spät kommen, nicht wahr?" Böger geht, und Hämpel atmet erleichtert auf, als er seinen Schuh wieder anzieht. Dann wäscht er sich die Hände, guckt noch einmal in den Spiegel, nimmt seine Tasche und verlässt eilig die Toilette.

Zweite Stunde: Sozialkunde in der 8c

Auf dem Flur sind noch etliche Kollegen unterwegs. Einige bleiben stehen und wechseln in aller Ruhe ein paar Sätze miteinander. Doch Hämpel drückt aufs Tempo. Er weiß, je später er nach dem Klingelzeichen in den Unterricht kommt, um so mehr Mühe macht es, die Klasse wieder auf Lernbereitschaft zu bringen. Geräuschvoll lässt er die Tür ins Schloss fallen.

„So, Freunde, lasst uns anfangen, kommt langsam zur Ruhe. Guten Morgen allerseits." Keine Reaktion. Die Tür geht auf, ein Schüler trottet herein, begleitet von lautstarkem „Hallo" einiger Mitschüler. Es ist Ibrahim, ungewöhnlich groß gewachsen für das Alter. Wenn Hämpel etwas nicht leiden kann, dann sind es diese Auftritte von Schülern, die zu spät kommen, sich gemächlich zu ihrem Platz bewegen, umständlich Jacke, Schal und Handschuhe ablegen, das Basecap aufbehalten, dann die Nase schnauben, aufstehen und zum Papierkorb gehen, das Taschentuch entsorgen, zurück zum Platz schlendern, dabei den einen Schüler und die andere Schülerin begrüßen, geräuschvoll die Sachen auspacken, nebenbei vom Pausenbrot abbeißen, die Tischnachbarin fragen, wo wir jetzt sind, dann laut niesen und von allen Seiten ein „Gesundheit" ernten, um sich daraufhin erneut die Nase zu putzen und vom Platz aufstehen, um den Papierkorb aufzusuchen ...

In einer anderen Ecke des Klassenzimmers niest erneut irgendjemand. „Gesundheit!" dröhnt es aus allen Richtungen.

Hämpel versucht es ein zweites Mal: „Also, noch einmal: Guten Morgen."

Wieder keine Reaktion. Langsam kriegt Hämpel schlechte Laune. Er knöpft sich den Zuspätkommer vor. „Und?"

„Was und?" fragt Ibrahim ungehalten.

„Hast du mir nichts zu sagen?"

„Nein."

Hämpel hebt die Stimme: „Du bist zu spät gekommen."

„Ich weiß."

„Und wie steht's mit einer Erklärung? Von einer Entschuldigung wage ich schon gar nicht mehr zu reden."

„Können Sie aber kriegen", grinst Ibrahim, „sogar gratis und sofort: Entschuldigung."

Eine Schülerin meldet sich: „Man weiß nie, wie man's richtig macht. Jeder Lehrer will es anders haben."

Gekicher und anzügliche Bemerkungen: „Erzähle mal, wie will's denn Herr Leonard? Der guckt dir doch immer auf den Arsch." Lautes Gelächter.

„Oder etwa Frau Riebe?" ruft ein Schüler in die Klasse. Tosendes Gelächter.

„Mach den Kopp zu, du geiler Zuchtbulle!"

„Ruuuhe!" ruft Hämpel und atmet tief aus, „also noch einmal: Welcher Lehrer will was?"

„Na ja, jeder Lehrer will es – äh – sagt was anderes. Bei Frau Hingens sollen wir uns nur still hinsetzen, weil das sonst den Unterricht stört. Frau Brechmeier will, dass wir nach dem Unterricht zu ihr kommen. Und Herr Fehlmann und Frau Hecktiksblau sehen über solche Kleinigkeiten großzügig hinweg." Allgemeine Beifallsbekundungen.

Ein anderer Schüler ruft laut in die Klasse: „Bei dem Böger musst du aufpassen. Der sagst zwar nichts, aber auf dem Zeugnis präsentiert er dir dann die Quittung. Die Reicharten, die ist okay."

„Der Spreemann kommt selber immer zu spät."

„Viele Lehrer! Aber ich habe noch keinen erlebt, der sich bei uns entschuldigt hätte." Allgemeine Beifallsbekundungen.

Ibrahim übertönt mit lauter Stimme alle: „Ich finde es nicht okay, dass Sie mich mit diesen Du-Sätzen beschimpfen."

„Wie bitte?“ fragt Hämpel ungläubig.

„Es ist nicht gut, wenn Sie Du-Sätze gebrauchen. Damit schieben Sie dem anderen die Schuld zu, und zwar einseitig. Das ist unfair.“

„Und was wäre fair?“ fragt Hämpel immer noch völlig entgeistert.

„Man soll Ich-Sätze sagen. Das weiß doch jeder hier. Ich-Sätze!“ betont Ibrahim, „verstehen Sie?“ Gelächter.

„Nein, ich verstehe überhaupt nicht. Wenn du zu spät kommst, soll ich Ich-Sätze sagen?“

Ibrahim: „Sie machen es schon wieder falsch. Sie sagen: Wenn du zu spät kommst. Stattdessen müssen Sie sagen: Ich empfinde, dass du zu spät kommst.“ Lautes Gelächter.

Hämpel sieht starr vor sich hin. Er weiß von einigen Schülern, dass sie die Erfahrung von hundert Therapiestunden mit in die Schule bringen. Da haben sie gelernt, sich zur Wehr zu setzen. Ibrahim scheint auch einer von diesen Therapieratten zu sein. Hämpel atmet tief durch. Irgendwie fühlt er sich müde, und das bereits in der zweiten Stunde. Beim Hinsetzen sieht er Ibrahim noch einmal an. Das hätte er lieber nicht tun sollen. Denn er hasst diesen Blick, diese Mischung aus Entrüstung und Frechheit: Wie kommen Sie dazu, mich zu fragen? Ich bin nun mal zu spät gekommen – und? Im Übrigen können Sie mich mal! Dieser Blick zieht Energie ab, raubt jedem Lehrer den letzten Lebensnerv.

Plötzlich ruft jemand: „Das Auto von der Kiesewalter wird abgeschleppt! Das steht ja mitten auf der Straße!“ Alles stürmt johlend zum Fenster. Auch Hämpel sieht nachdenklich hinunter. Ein ungutes Gefühl macht sich in seiner Magengegend breit. Eddi, du lässt dir von nichts und niemandem ein schlechtes Gewissen einreden. Gegen diese vier Chaoten hättest du sowieso nichts ausrichten können. Außerdem stand das Auto bereits mitten auf der Straße, als du ankamst. Und jetzt ist es eh zu spät.

„So Leute, genug geguckt. Geht wieder auf eure Plätze. Das Auto wird auch ohne euch abgeschleppt.“ Doch so schnell legt sich die Aufregung in der Klasse nicht.

„Irgendjemand muss ihr doch Bescheid sagen.“

„Sonst sucht sie ihr Auto heute Nachmittag.“

„Sie muss doch wenigstens wissen, wo es hingebracht wird."

„Vielleicht muss es gar nicht abgeschleppt werden. Sie kann ja mit den Leuten reden."

Hämpel braucht einen Augenblick. Schnelles Denken war noch nie seine Stärke. „Na dann, ihr beiden hier vorn sagt Frau Kiesewalter Bescheid. – Aber macht auf dem Flur nicht so einen Lärm! Hört ihr, macht ..."

Nein, sie hören nicht und rasen lärmend durchs Schulgebäude, froh, dem Machtbereich des Lehrers entkommen zu sein. In der Klasse ist es auch nicht viel leiser.

„Ruhe bitte! Ruuhee!" ruft Hämpel in den Raum. „So Leute, nun zur letzten Stunde, zum Film. Worum ging es?" Nur mühsam finden die Schüler zum Unterricht zurück.

„Irgendwas über Gewalt oder so."

„Immer dasselbe. Man kann's nicht mehr hören."

„Das Video war voll langweilig. Ätzend."

„Spaßfaktor null."

„Absoluter Müll war das, kosmischer Müll, kann ich nur sagen."

„Galaktischer Müll!" Lautes Gelächter.

Hämpel: „Hat jemand noch einen intergalaktischen Superlativ anzubieten? Wie hieß der Film überhaupt?"

„Die Erkenntnis über Gewalt und Grenzen – oder so ähnlich."

„Erkenne die Grenzen der Gewalt." Gelächter.

„Quatsch. Gewalt ohne Grenzen – äh – ohne Grenzen die Gewalt erkennen." Lauter werdendes Gelächter. Zwischenrufe. Endlich schafft es eine Schülerin: „Gewalt erkennen und eingrenzen." Hämpel verdreht die Augen und atmet tief durch. Ihm wird plötzlich schwindlig. Das passiert seit ein paar Monaten öfter. Immer wenn er die Augen verdreht, dreht es auch im Kopf. Dann hat er Mühe, das Gleichgewicht zu halten. Offensichtlich kann er sich diese pädagogische Form der Körpersprache nicht mehr leisten, die er früher so gern eingesetzt hat, weil sie so ausdrucksstark ist. Er atmet noch einmal tief durch, das hilft. Die Schüler deuten sein Verhalten jedoch anders. „Sie sind aber auch nie zufrieden."

Hämpel: „Aber natürlich, Leute, Gewalt erkennen und eingrenzen, sehr richtig. Nun zum Inhalt, worum ging's?"

„Da war so eine Situation, dass drei Skinheads im Park einen Schwarzen anmachten. Und zwei Spaziergänger waren in der Nähe und guckten weg ..."

„Das war doch totaler Schwachsinn. Drei Glatzen trauen sich niemals in so eine Gegend, wo es nur so von Ausländern wimmelt."

„Das kam doch erst viel später, du Blödmann. Du bringst ja alles durcheinander."

Hämpel: „Dann kam doch noch die Radfahrerin vorbei. Sie hat mit ihrem couragierten Verhalten das Schlimmste verhindert. Bei der Auswertung dieser Szene wurde immer wieder ein ganz bestimmter Begriff genannt. Wie hieß er?"

„Hä?" fragt eine Schülerin verständnislos. „Wer hieß wie? Was für ein Begriff denn?"

„Leute, nun stellt euch mal nicht so an. Wie hieß das schöne Fremdwort noch gleich?"

„Das war nicht richtig zu verstehen, weil die von der Kantine so laut mit den Stühlen geklappert haben."

Stimmt. Der Videoraum liegt direkt neben der Mensa, nur durch eine dünne Holzwand abgetrennt. Zwei Stunden vor der Mittagspause wird das Essen geliefert, eine Stunde vorher stellen die Küchenfrauen die Stühle runter und nach der wilden Essensschlacht wieder rauf. Zwei Stunden später werden die Thermophore und die Essensreste abgeholt. Das rumst, kracht, poltert, scharrt, knirscht und quietscht. Von der dritten bis zur sechsten Stunde ist der Videoraum praktisch nicht benutzbar. Immer wieder ein Tagesordnungspunkt bei den unsäglichen unzähligen Sitzungen. Doch letztens wurde ein Beschluss gefasst: Das veraltete Videogerät wird gegen einen modernen DVD-Player ausgetauscht.

Hämpel: „Also, wer hat das schöne Fremdwort verstanden?"

„Gewaltprävention", antwortet eine Schülerin, „aber ich weiß nicht, was daran schön sein soll." Gelächter. Ein Schüler hinter ihr: „Weil du es so schön wusstest, immer schön mitarbeitest, immer schöne Zensuren kriegst und überhaupt die Schönste mit dem schönsten Arsch im ganzen Lande bist." Lautes Gelächter.

„Mach den Gulli zu, du Arschgesicht!" Lautes Gelächter, Zwischenrufe.

Hämpel: „Ruuhee! Und ihr haltet euch mit diesen Kraftausdrücken zurück. Also, Gewaltprävention, sehr richtig. Diese ist ja dann in der nächsten Szene im Zug nicht gelungen. Warum nicht? Warum kam es zwischen den beiden Fahrgästen zur Schlägerei, und wie hätte sie rechtzeitig, also präventiv, verhindert werden können? Und das erarbeiten wir jetzt schön in Gruppen."

„Schon wieder schön! Gruppenarbeit ist scheiße!"

„Ich hasse Gruppenarbeit!"

„Nur, weil den Lehrern nichts einfällt."

„Wir sollen ackern und die sitzen vorne und lesen Zeitung."

Lautstarke Proteste. Unmutsäußerungen von allen Seiten. Anschwellender Lärmpegel.

„Ruuhee! Von eins bis vier durchzählen. Gruppe eins trifft sich hier vorne links, Gruppe zwei dort hinten links, Gruppe drei dort – alles wie gehabt. Los geht's!"

„Was sollen wir noch mal machen?" fragt eine Schülerin.

„Mensch, durchzählen!" schnauzt ihre Banknachbarin.

„Was für eine Aufgabe, will ich wissen!"

Hämpel: „Dann hör doch besser zu! Das erklären dir die Leute in deiner Gruppe."

„Wir wissen auch nicht, was wir machen sollen. Die anderen waren so laut."

Hämpel verdreht die Augen – ohne Schwindelgefühl! Trotzdem holt er tief Luft. „Ruuhee! Also noch einmal: Diskutiert bitte, warum es zur Schlägerei zwischen den beiden Fahrgästen kam, die Ursachen also, und wie hätte diese gewaltsame Auseinandersetzung verhindert werden können? Die Frage der Gewaltprävention also."

„Woher sollen wir denn das wissen? Das hängt doch von ganz vielen Sachen ab."

„Ruhe bitte. Jetzt wird in den Gruppen gearbeitet. Und vergesst nicht einen Gruppensprecher oder eine Sprecherin zu bestimmen."

Hämpel atmet noch einmal tief durch. Die wären erst einmal beschäftigt. Länger hätte er auch nicht mehr durchgehalten. Eine Schülerin holt ihr Frühstücksbrot hervor.

Hämpel: „Hier wird nicht gegessen. Die Pause ist in zwanzig Minuten."

„Ich habe aber Hunger!“ Die Schülerin beißt demonstrativ von ihrem Müsliriegel ab. Gekicher in der Gruppe.

Hämpel spürt deutlich den Puls in der Halsschlagader. Eddi, bleib wachsam, bleib ruhig. Lass dich von dieser Zimtzicke nicht provozieren! Sein Puls wird schneller, als zwei weitere Schüler ihre Süßigkeiten auspacken. „Leute, ihr wartet bitte bis zur Pause. Jetzt wird in den Gruppen gearbeitet.“

„Was stört Sie denn daran, wenn wir nebenbei ein bisschen essen? Bei Frau Blöckmeyer dürfen wir das auch immer.“

„Wenn man Kindern das Essen verweigert, dann ist das auch eine Form von Gewalt.“

Die Zimtzicke: „Genau! Wenn ich auf Toilette muss, können Sie mir das doch auch nicht verbieten. Genauso ist es mit dem Essen. Oder soll ich hier umfallen? Meine Mutter hat mir heute Morgen kein Frühstück gemacht.“

Sie beißt zum zweiten Mal ab. Eine andere Schülerin steht auf und holt sich ihre Brotbüchse. Weitere Schüler machen es ihr lautstark nach. Die Situation gerät außer Kontrolle. Hämpel sieht starr vor sich hin, die Augen weit aufgerissen, die Pupillen verengt. Seine Halsschlagader droht zu platzen. Sein Handlungsspielraum wird klein. Er weiß um die heraufziehende Gefahr und weiß, dass er nichts dagegen machen kann. Wie ein Fremder hört er seine Stimme, donnernd und krachend: „Wenn ihr nicht sooofort aufhört mit Essen und Trinken, dann setzt es was! Habt ihr mich verstanden? Hier bestimme immer noch ich. Und bei mir wartet ihr gefälligst bis zur Pause. Ihr seid nicht in der Schule, um euch zu mästen, sondern um zu lernen. Verstanden?“

Die Zimtzicke: „Das war ja nicht zu überhören. Auch Brüllen ist eine Form von Gewalt.“

Hämpel schnappt nach Luft. Dieser Druck in der Halsschlagader! Diese Leere im Kopf! Solange er nicht denken kann, kommt nur Wut. Drohend stützt er sich mit beiden Händen auf die Schulbank der immer noch kauenden Schülerin. Drohend kommt er mit seinem Kopf näher. Sie weicht zurück. Seine Augen funkeln böse und seine Stimme zischt: „Dann will ich dir mal was flüstern, Madam. Du kommst nach dem Unterricht zu mir, mit deinem Hausaufgabenheft. Und den Text für die schriftliche Verwarnung überlegst du dir schon mal selbst. Ich bin gespannt, was du mir anbietest."

In der Klasse herrscht Ruhe. Niemand kaut mehr. Hämpel hat gewonnen, aber er fühlt sich nicht als Sieger. Im Gegenteil. Er hat verloren. In diesen paar verhängnisvollen Minuten hat er viel an Sympathie und Anerkennung verspielt. Er wird lange brauchen, bis zwischen der Klasse und ihm wieder ein Vertrauensverhältnis herrscht. Wie soll er jetzt den Unterricht fortsetzen? Mit tonloser Stimme sagt er: „Die Gruppenarbeit lohnt sich nicht mehr. Geht wieder auf eure Plätze. Die Aufgabenstellung erarbeitet jeder für sich. Also Stillarbeit bis zur Pause. Den Rest macht ihr bitte zu Hause."

Wortlos erheben sich die Schüler von ihren Plätzen. Nur das Schlürfen der Schuhe und das Scharren von den Stühlen ist zu hören. Hämpel steht am Fenster und sieht nach unten. Das Auto von Frau Kiesewalter ist nicht mehr zu sehen. Vielleicht konnte sie es retten. Wo sind die beiden Jungs eigentlich abgeblieben? Die Pausenklingel. Die Schüler erwachen wieder zum Leben und stürmen lärmend hinaus:

„Raus hier aus diesem abgefuckten Laden!"

„Hunger – an die Automaten!"

„Wo ist die Melkstation?"

„Ran an die Zapfsäule – ich verdurste!"

„Wehe, es ist vor mir einer am Fresskasten. Den hau ich um!"

Die Zimtzicke bleibt auf ihrem Platz. Hämpel steht noch immer am Fenster. Eigentlich müsste die sich bewegen. Ach, komm, Eddi, du hast heute schon genug Porzellan zerschlagen. Gib dir einen Ruck und geh zu ihr. Auch wenn es dir nicht einleuchtet, aber heute geht eh alles daneben.

„Na Nicole, was war denn heute mit dir los? Irgendwie ein bisschen daneben – oder?"

„Muss das sein – mit der Verwarnung? Sie kennen meine Mutter nicht."

„Dem lässt sich abhelfen. In vier Wochen ist Elternsprechtag. Ich kann sie einladen."

„Lieber nicht. Und die Verwarnung – können Sie noch mal darauf verzichten?"

„Du hast das Zauberwort vergessen."

„Bitte."

„Aber du packst das nächste Mal nicht deine Fressalien aus. Einverstanden? Na dann, ab mir dir."

Nicole steht wortlos auf und geht. Hämpel sieht ihr mit gemischten Gefühlen nach. Die jungen Leute kennen auch kein Bitte und Danke mehr. Na ja, wer weiß, was bei ihr zu Hause los ist. Hämpel wird aus seinen Gedanken gerissen.

„Herr Hempel, bitte vergessen Sie die Aufsicht nicht!"

Zu sehen ist niemand, aber es war zweifelsfrei die Stimme des Konrektors. Der hat's in den zwei Jahren, wo er hier ist, auch nicht gelernt, meinen Namen richtig auszusprechen. Da vergesse ich einmal die Aufsicht, und schon steht er auf der Matte. Der scheint auch allgegenwärtig zu sein. Bloß, wenn man ihn braucht, ist er nicht da. So sieht unser Job aus: Die Schüler mästen sich während des Unterrichts, und unsereins schafft es noch nicht mal auf die Toilette. Also los Eddi, ab zur Aufsicht ...

Hofpause – Aufsicht

Hämpel eilt zum Eingang zwei. Sein Aufsichtsbereich für die erste Hofpause: die vier Automaten für kalte und heiße Getränke, für Süßigkeiten und leere Flaschen und die dazu gehörige Hoffläche – was immer damit gemeint sein mag. Die gefürchtetste Aufsicht in der Schule. Von weitem sieht er, wie Kollegin Breitschnabel versucht, die wildgewordenen Horden vor den Automaten zu ordnen. Ein aussichtsloses Unterfangen. Das hat er längst aufgegeben. Wie oft waren in den unzähligen unsäglichen Dienstbesprechungen die Automaten Thema? Ein zweiter Standort muss her, um diese Massenansammlung zu entflechten. Wenn nicht, dann müssen wenigstens zwei Kollegen hier stehen. Einer allein reibt sich auf und macht sich vor den Schülern lächerlich. Alles vergeblich. Wenn die Schulleitung es so will, dann geht es eben drunter und drüber. Hämpel regt sich nicht mehr auf. Aber die Kollegin Breitschnabel ist neu hier, Referendarin im zweiten Jahr, noch voller Energie und Tatendrang. Doch nach ein paar Minuten an diesem Ort zeigt auch sie erste Verschleißerscheinungen. Entnervt und vorwurfsvoll sieht sie den zu spät kommenden Hämpel an. „Wo bleiben Sie denn, Herr Hempel?“

„Hämpel mit ä bitte.“

„Wie bitte? Sie sehen doch, dass hier die Hölle los ist.“

„Natürlich. Ich bitte um Entschuldigung. Sehr nett von Ihnen. Ich danke vielmals. Sie wissen ja: Klausur auswerten, Schülergespräche, Fachbücher wegbringen, Tafel wischen, lüften, Fenster auf, Fenster zu. Man schafft es noch nicht mal zur Toilette.“

„Na klar, das geht uns allen so ... Also, einen schönen Tag noch.“ Hämpel sieht ihr mit finsterer Miene nach. Wer hat dich denn gebeten für mich die Aufsicht zu übernehmen? Das geht uns allen so. Was weißt du denn, wie es unsereins nach 37 Dienstjahren geht? In deinem Alter habe ich drei Aufsichten am Tag geschoben. Weggesteckt habe ich die, weggesteckt wie nichts. Und diese Saatkrähe macht schon nach fünf Minuten schlapp. Alles Schlappschwänze, was jetzt so nachkommt aus dieser verweichlichten Wohlstandsgeneration. – Schluss jetzt, Eddi, Frau Breitschnabel ist eigentlich ganz okay! Kümmere dich lieber um die Kids, damit die sich den heißen Kakao nicht über die Köpfe gießen. Was aus denen mal werden soll, wenn die sich nur noch aus den Automaten ernähren, na ja. In Bio wird die gesunde Ernährung propagiert, und hier stopfen sie sich mit dem süßen Zeug voll. Ein Schwachsinn ist das alles.

Hämpel sieht auf die Uhr: Noch fünf Minuten dieser Höllenlärm. Trotzdem sind ab und zu Gesprächsfetzen der Schüler zu verstehen.

„Los, beeil dich, du Wichser, ich muss zum Sport.“

„Schnauze, du Pisser. Sport bei der Stutinger etwa?“

„Klar, Alter. Neidisch?“

„Ist die geil? Kommt die dicht ran, wenn du schlaffer Sack am Reck hängst?“

„Nee, aber keine schlechte Idee.“

„Sag ich doch, die müsst ihr durchziehen ...“

Hämpel will dem respektlosen Gerede ein Ende bereiten, doch die beiden Schüler drängeln sich durch die Massen, neue Schüler schieben und schubsen nach. Da ist jede Verfolgung zwecklos. Außerdem muss er sich nicht Frau Stutingers Kopf zerbrechen. Die wird mit den kleinen Machos schon klarkommen.

Er beißt gerade von seinem Pausenbrot ab, da sieht er wie ein Schüler, bestimmt aus der Oberstufe, seine Bananenschale fallen lässt – direkt vor dem Eingang, direkt vor seinen Augen. Hämpel würgt, schluckt und ruft, doch der Schüler entfernt sich. Hämpel hinterher, hält nur mühsam Schritt. „Kommen Sie mal her, junger Freund! Was ist mit Ihrer Bananenschale?"

Der Schüler bleibt stehen, dreht sich um, baut sich vor ihm auf. Er ist einen Kopf größer als Hämpel. Schweigend sehen sich beide an. Ein Unwetter zieht auf. Aber vielleicht ist es noch abzuwenden. Hämpel schluckt den Rest herunter, atmet noch einmal durch und versucht es ein zweites Mal – so gelassen und freundlich wie nur möglich. Trotzdem klingt seine Stimme gepresst: „Heben Sie bitte Ihre Bananenschale auf."

Der Schüler guckt auf Hämpel herab. Da ist wieder dieser gefürchtete Blick, dem sich kein Lehrer entziehen kann, diese Mischung aus Langeweile und Verachtung. Und dann dieses verdammte Schweigen.

Endlich reagiert der Schüler: „Warum?" Blick und Ton sind wie aus einem Guss.

Hämpel stockt der Atem. Er hat schon viel erlebt: arrogante, dämliche, freche, rüpelhafte, unverschämte, zickige oder einfach nur blöde Schüler. Aber der hier schlägt sie alle. Wenn das Unheil nicht seinen Lauf nehmen soll, dann müsste ihm jetzt etwas einfallen. Aber Hämpel fällt nichts ein. Wieder einmal fühlt sich der Lehrer dem Schüler unterlegen. Mit unterdrückter Wut hört er sich sagen: „Warum? Ja, warum wohl? Es kann doch nicht jeder einfach seine Abfälle fallen lassen."

„Macht ja nicht jeder."

Noch immer dieser Blick. Es ist nicht das Herausfordernde, Provozierende oder Freche. Nein, es ist diese Leere in den Augen, so als gäbe es kein Gegenüber, keinen Lehrer. Dieser Blick zehrt an der Lebensenergie – und das nach zwei Stunden Unterricht, in der ersten Hofpause, in der man normalerweise neue Kraft schöpfen soll. Ausstechen könnte ich diese blöden Glubschaugen! – Eddi, bleib ganz ruhig. Denk dran, nur noch 952 Tage. Was hat dieser Fischkopf gesagt: Macht ja nicht jeder? „Richtig – und weil Sie zu den seltenen

Ausnahmen gehören, werden Sie jetzt Ihre Hände aus den Taschen nehmen, sich bewegen und die Bananenschale aufheben."

Ein zweiter Schüler stellt sich dazu. Er ist nur einen halben Kopf größer als Hämpel und hat ein pickliges Milchgesicht. Seine Stimme ist nicht ganz so tonlos. Er lispelt und grinst. „Gibt's Probleme?"

Der Fischkopf: „Nein."

Hämpel: „Die gibt es sehr wohl. Ihr Freund lässt einfach seine Bananenschale fallen und ist nicht bereit, sie wieder aufzuheben. Wie heißen Sie überhaupt?"

„Hardy Brehmner – und Sie?"

„Hämpel, mit ä bitte – äh – das tut hier nichts zur Sache. Also, Harry, die Bananenschale."

„Hardy bitte, nicht Harry. Hardy ist eine Koseform von Hartmut, aber Harry kommt aus dem Englischen, abgeleitet von Henry. Henry wiederum ist eine Kurzform der deutschen Version Heinrich. Ich aber lege Wert auf die Koseform Hardy."

Hämpels Reserven sind erschöpft: „Das ist mir völlig egal, Sie Kosekönig. Wie oft soll ich Sie denn noch bitten, damit Sie endlich Ihre Bananenschale aufheben?"

Der Fischkopf wendet sich an das Milchgesicht: „Sag mal, Pele, einer Bitte muss man doch nicht nachkommen – oder?"

„Man kann, man muss aber nicht. Das hängt ganz von der Art der Bitte ab. Es gibt Bitten mit imperativischem Charakter. Das ist dann eine Sache des Stils. Andere Bitten werden als Fragen gestellt. Hierbei ist wieder zu unterscheiden zwischen einer tatsächlichen und einer rhetorischen Frage. Nun bin ich zu spät gekommen. Das heißt, das musst nun du entscheiden, wo du diese Bitte einordnest."

Hämpel sieht von einem zum anderen. Das Gesabbel des Milchgesichts hat er nur noch nebenbei mitbekommen. Im Augenblick macht ihm die Halsschlagader zu schaffen. Der Hemdskragen spannt. Wie oft schon habe ich Nathalie gesagt, sie soll die Hemden nur bei dreißig Grad waschen. Reine Baumwolle verträgt keine Hitze. Die Hemden laufen ein, und ich kriege hier Probleme mit der Luft. Wenn man sich nicht um alles selber kümmert ...

„Halten Sie hier keine Vorträge. Sie scheinen ja ein ganz Schlauer zu sein!" Hämpels Stimme wird laut. „Sie beide bewegen sich jetzt sofort in Richtung Eingang und heben die Bananenschale auf, sonst setzt es was!“

Es klingelt zur Stunde. Die beiden Schüler verabschieden sich und gehen in verschiedene Richtungen, der Fischkopf zum Eingang zwei, Hämpel neben ihm. Der Hemdskragen ist geöffnet, die Krawatte gelockert, trotzdem pocht die Halsschlagader. Aber er ist nun mal Krawattenträger. Wenn er sich morgens eine umbindet, mosert die ganze Familie: Kein Mensch läuft mehr so herum! Beide nähern sich dem Tatort. Hämpel lockert noch einmal den Hemdskragen. Ihm ist nicht gut, wahrscheinlich, weil er heute noch nichts gegessen hat. Am Eingang steht der Konrektor, der zwei Schüler lautstark anweist, Abfälle aufzuheben, auch eine Bananenschale. Der Fischkopf bleibt abrupt stehen und sieht Hämpel an. „Und?“

„Nichts und. Da haben Sie ja noch mal Glück gehabt.“

Zwei ausdruckslose Augen sehen auf Hämpel herab. Der bebt vor Wut. Seine Stimme zischt: „Verschwinden Sie bloß aus meinem Blickfeld und lassen Sie sich nicht noch einmal erwischen. Ihr Gesicht habe ich mir gemerkt!“ Der Fischkopf bewegt sich nicht vom Fleck. Sein Kopf ist noch immer leicht nach vorn geneigt, ganz so, als würde er vor einem Schaufenster stehen. Die Leere im Blick hat eine Nuance hinzubekommen. Sie ist schwer in Worte zu fassen, könnte aber heißen: Sie tun mir Leid!

Die Stimme des Konrektors reißt Hämpel aus der Agonie. „Hendrik, stehen Sie da nicht herum! Bereiten Sie sich lieber auf den Test vor. Und warum? Sie haben’s bitter nötig. Sagen Sie Ihren Mitschülern mal Bescheid, dass ich etwas später komme. – Herr Hempel, einen Augenblick bitte. Ich wäre Ihnen dankbar, wenn Sie in der ersten Hofpause hier in diesem Bereich Ihre Aufsicht wahrnehmen würden, anstatt die ganze Zeit mit Schülern zu schwätzen. Sie sehen doch, was hier los ist.“

„Was sagten Sie?“ fragt Hämpel fassungslos. „Wie heißt der Schüler – Hendrik?“

„Ja, Henry oder Harry. Was weiß ich? Aber darum geht’s doch gar nicht, sondern um Ihre Aufsicht, und zwar genau hier in diesem Bereich. Und warum lege ich darauf so viel Wert? Weil genau hiiier an den Automaten und genau hiiier im Eingangsbereich sich die Konfliktmöglichkeiten zuspitzen. Und warum wohl? Weil auf

Grund der räumlichen Beengtheit und der Personendichte zusätzliches Aggressionspotential freigesetzt wird. Sie werden verstehen, dass ich mich aufrege, wenn ich Sie dreißig Meter entfernt mit zwei Schülern plaudern sehe."

Hämpel holt tief Luft und fuchtelt mit den Armen.

„Herr Hempel, ich möchte Sie bitten, jetzt nicht zu langen Reden auszuholen. Und warum nicht? Klare Antwort: Es hat geklingelt. Die Pflicht ruft." Der Konrektor geht. Hämpel bleibt stehen und sieht ihm nach – mit leerem Blick. Wie war sein Name? Henry oder Hendrik oder doch Harry? Egal. Was sagt Sokrates? Unsere Jugend besitzt schlechte Manieren und kennt keine Autorität mehr. Es fehlt ihr an Achtung und Respekt. Die Jugend widerspricht, isst ohne jeden Anstand ihre Speisen und tyrannisiert Eltern und Lehrer und reizt sie bis aufs Blut – na ja, oder so ähnlich.

Hämpel atmet noch einmal tief durch. Das war ein bisschen viel auf einmal. Doch dann strafft er sich wieder. Eddi, jetzt musst du deine Berufsrollenkompetenz unter Beweis stellen. Die zwölfte Klasse wartet.

Dritte Stunde: Philosophie im 1. Semester

Hämpel keucht die Treppe hinauf: Raum 407, vierte Etage. Heute Morgen hat er die Stufen ganz anders genommen. Aber die Pause steckt ihm noch in den Knochen. Auf dem Flur ist lautes Schülergebrüll zu hören. Vier, fünf Jungen, 8. oder 9. Klasse, stehen im Kreis und bedrängen in ihrer Mitte einen einzelnen Mitschüler.

„Wenn du nicht parierst, schleifen wir dich, du Schwuchtel!"

„Dann kann deine Hure von Mutter deine Einzelteile suchen."

„Genau, dich machen wir krankenhausreif!"

„Und wehe, du tust quatschen, dann ziehen wir deine Eingeweide durch die Nase."

„Hast du das kapiert, du Opfer?"

Hämpel geht dazwischen: „Was ist denn hier los? Was sind das für Sprüche? Warum seid ihr noch nicht in eurer Klasse? Lasst den Jungen in Ruhe!" Die Gruppe löst sich in verschiedene Richtungen auf. Das Opfer will auch gehen. Hämpel hält ihn fest.

„Was wollten die von dir? Wirst du erpresst?“

„Nein“, antwortet der Schüler kleinlaut, „wir haben uns in der Pause nur ein bisschen gestritten.“

„Das hörte sich für mich aber anders an. Am besten meldest du dich mal bei Frau Körber, der Sozialpädagogin. Die kennst du doch, oder? Damit die Sache in Ordnung kommt. Einverstanden?“

„Ja“, sagt der Schüler kurz und trottet davon.

Hämpel sieht ihm kurz nach, dann sieht er auf die Uhr. Na, Eddi, das war ja wieder mal eine klare Heimniederlage. Der Junge geht nie und nimmer zur Sozialtante. Wenigstens den Namen hättest du dir sagen lassen sollen. Wie war noch der Name von diesem Fischkopf, Harry oder Henri? Egal, jetzt ist die Zwölfte dran. Die Klasse ist eigentlich ganz okay, bis auf ein paar Siebenschläfer. Wie die das Abi schaffen wollen, ist mir schleierhaft. Und dann die zwei, drei Überflieger, die sich dauernd mit mir anlegen. Da kann Hesse zehnmal schreiben, dass ein Schulmeister lieber zehn Trottel in der Klasse hätte als ein Genie. Der konnte große Töne spucken. Aber heute muss ich ihnen irgendwie zuvorkommen. Genau, Eddi, mach dem unheilvollen Schicksal einen Strich durch die Rechnung. Geh in die Offensive. Ein kleiner Überraschungsangriff auf Mario und Pauline. Auf geht’s, Eddi, neue Stunde, neues Glück!

Mit dem Klingelzeichen betritt Hämpel das Klassenzimmer. Pünktlichkeit ist ihm wichtig, auch wenn das längst niemand mehr registriert. Die Schüler bleiben in Grüppchen auf den Tischen sitzen. Sie plaudern und lachen, in der einen Hand eine Coladose und in der anderen irgendein süßes Zeug. Andere hängen in ihren Stühlen, dröhnen sich mit Musik zu und blättern gelangweilt in grellfarbenen Illustrierten. An diese Ignoranz konnte Hämpel sich lange Zeit nicht gewöhnen. In seinem Gesicht blühten dann immer rote Flecken auf, weswegen verschiedene Hautärzte recht ordentlich an ihm verdienten. Dermatologisch allerdings nur mit mäßigem Erfolg. Inzwischen hat er gelernt, die individuellen Bedürfnisse der Schüler zu respektieren, was seiner Haut seitdem gut bekommt. So bittet er die Schüler betont freundlich und mit bester Laune, die Plätze einzunehmen. Ein Drittel macht sich ohne Widerspruch auf den Weg, das zweite Drittel nölt und mault, bewegt sich aber, und das letzte Drittel bleibt sitzen.

„Wenn die Hinterbänkler die Güte hätten? Kommet herzu, denn es ist alles bereit!“ Müdes Gelächter hier, abfällige Bemerkungen dort. Aber auch diese Hürde wäre genommen.

„So, meine Damen und Herren. Der Klausurtermin rückt unaufhaltsam näher. Damit die Stunde der Wahrheit niemandem wehtut, werden wir heute den Stoff der letzten Stunden noch einmal wiederholen. Um ein bisschen Abwechslung rein zu bringen, schlage ich vor, dass zwei von Ihnen die Moderation übernehmen. Wer meldet sich freiwillig? Niemand. Dann darf ich Pauline und Mario nach vorne bitten.“ Hämpel macht an seinem Lehrertisch Platz und holt einen zweiten Stuhl.

Mario: „Das kommt jetzt ein bisschen überraschend. Außerdem haben Sie gar nicht gewartet. Bestimmt hätten sich noch andere gemeldet. Man braucht ja auch Bedenkzeit.“

Pauline: „Ich bin einverstanden. Wenn du nicht willst, moderiere ich auch allein.“

Mario: „Nein, nein, ich komme schon.“

Seine Konkurrentin hat sich am Lehrertisch schon breit gemacht. Für ihn bleibt nur noch die Tischecke. Beide beäugen sich. Beide setzen gleichzeitig an und brechen wieder ab. Mit großzügiger Geste und süßsaurem Gesicht lässt Mario seiner Mitschülerin den Vortritt.

Pauline: „In den letzten Stunden sprachen wir über die Zeit der Aufklärung. Einmal über ihre Stärken, also was die Aufklärung für die Menschheit gebracht hat und zum anderen über ihre Grenzen oder Schwächen. So, fangen wir mit dem Positiven an und tragen mal zusammen.“ Einige Schüler melden sich.

„Die Aufklärung war eine Emanzipationsbewegung im 18. Jahrhundert, und zwar die Befreiung von kirchlicher Bevormundung.“

„Und von staatlicher Autorität, Kaiser, Fürsten und so.“

„Insgesamt kann man sagen, die Trennung von Glaube und Wissenschaft.“

Pauline: „Richtig. Was hatte die Aufklärung nun ...“

Mario: „Moment. Eins fehlt noch. Die dritte Emanzipationsbewegung der Aufklärung richtete sich gegen die Scholastik.“

„Aber das haben wir nur am Rande behandelt“, beeilt sich Pauline, „ich finde, wir sollten ...“

„Trotzdem darf sie nicht unerwähnt bleiben“, unterbricht Mario erneut, „so, mit der nächsten Frage bin ich dran: Was wisst ihr über den Stellenwert der Vernunft? Ich nenne nur zwei Stichworte: Empirismus und Rationalismus.“

Hämpel schmunzelt zufrieden und reibt sich die Hände. Entspannt verfolgt er das muntere Treiben. Die beiden haben mit sich zu tun und halten die Klasse bestens in Schach. So ist das Lehrerdasein auszuhalten. Am liebsten würde Hämpel jetzt seinen Skandinavienkatalog hervor holen, denn wenn er den Frühbucherrabatt abfassen will, dann muss er sich bis Ende November entscheiden. Doch die Moderation der beiden kommt ins Stocken, und so greift er wieder in das Geschehen ein: „Vergessen Sie bitte nicht den Mythos.“

Mario, reichlich gereizt: „Wer hat denn nun hier die Moderation, wir oder Sie? Ich wollte den Mythos zu einem späteren Zeitpunkt bringen. Ich habe mir schon was dabei gedacht.“

Pauline: „Vom Gesprächsverlauf wäre jetzt aber der Mythos dran.“

Mario: „Also bitte, dann mach du weiter.“ Beleidigt verschränkt er die Arme.

Pauline: „Wofür war der Mythos da, also welche Funktion hatte er früher?“

Die Schüler machen weiter fleißig mit, froh, mal eine Abwechslung zu erleben.

„Er hat die Ängste gebunden. Ängste, die entstanden sind, weil die Menschen sich früher vieles nicht erklären konnten.“

„Nicht nur die Ängste, auch die Sehnsüchte, alle Hoffnungen und Ideale wurden im Mythos aufgegriffen.“

Mario: „Genau. Mit der Aufklärung hat man sich vom Mythos gelöst. Was ist an seine Stelle getreten?“

Pauline: „So weit waren wir aber schon.“

Mario: „Ich will ja nur sicher gehen, ob allen der Zusammenhang deutlich ist. Also, wer oder was trat an die Stelle des Mythos?“

„Na, die Vernunft, die Ratio.“

„An die Stelle der Religion trat die Wissenschaft.“

Pauline: „Ich finde, wir drehen uns jetzt im Kreis.“

Hämpel: „Ganz und gar nicht. Bitte erinnern Sie sich an die These von Feuerbach: Der Mensch braucht den Mythos, weil Gott nur die Projektion der inneren Ängste und Sehnsüchte ist. Alles, womit der Mensch nicht fertig wird, projiziert er quasi in den Himmel. Was passierte nun aber, nachdem der Mythos durch die Vernunft abgelöst worden war?“

Mario: „Adorno sagt, dass der Mensch zwar gelernt hat, die äußere Natur zu beherrschen, aber nur durch gleichzeitige Unterdrückung der inneren Natur.“

Pauline: „Warum lässt du das nicht die Mitschüler beantworten? Außerdem kann ich deine Meinung überhaupt nicht teilen, dass der Mensch die äußere Natur beherrschen soll.“

Mario: „Das ist aber leicht zu beantworten. Adorno spricht von der inneren Gefangenschaft des Menschen. Äußerlich hat er sich zwar von jeder Bevormundung befreit, aber in seinem Wesen ist er versklavt geblieben. Und deswegen kommt er auch nicht mit der Naturbeherrschung zurecht.“

Pauline: „Jetzt hast du dir aber selbst widersprochen. Denn genau darauf wollte ich ...“

Zwischenrufe einiger Schüler: „Aber hallo! Macht ihr beide da vorn allein Unterricht – oder was?“

Hämpel: „Leute, wir sind jetzt an einer entscheidenden Stelle. Worin bestand der tragische Irrtum der Aufklärung?“ Nur noch wenige Schüler machen engagiert mit.

„Ich würde sagen, im Fortschrittsglauben. Man dachte, je mehr der Mensch erforscht und erkennt, desto besser wird alles. Man nahm an, dass es mit der Menschheit immer nur aufwärts geht.“

„Und man glaubte, mit der Zunahme der Vernunft wird auch der Mensch immer vernünftiger.“

Mario: „Und ist er es geworden?“

Pauline: „Stellst du jetzt Suggestivfragen oder was? Wichtiger ist doch zu klären, was bei der Herrschaft der Natur, ich zitiere Adorno, auf der Strecke blieb?“

Die meisten Schüler gucken gelangweilt aus dem Fenster, andere atmen resignierend tief durch. „Keine Ahnung.“

„Ich komme auch nicht mehr mit.“

„Die Klausur verkack ich sowieso. Wir hätten viel früher schon mal wiederholen sollen. Jetzt sieht doch keiner mehr durch.“

Pauline: „Aber das hatten wir doch erst letzte Stunde: Auf der Strecke blieben das Gewissen und das Gefühl."

„Und der ganze Bereich der Ethik", fügt Mario noch hinzu.

Hämpel: „Genau, sehr richtig. Das moralische Gewissen konnte mit dem Tempo des technischen Fortschritts nicht mithalten. Woran wird das deutlich?" Einige Schüler tasten sich zum Thema zurück.

„Am Umgang mit der Atomenergie, an Kernkraftwerken oder Atombomben."

„Ich würde sagen, die ganze Kernenergie ist fragwürdig."

„Du übertreibst mal wieder. Dann musst du auch den ganzen technischen Fortschritt in Frage stellen."

„Mache ich auch. Was ist denn mit der Umweltzerstörung? Sie ist der hohe Preis, den wir für unsere moderne Welt zahlen."

„Du kannst große Töne spucken. Dabei fährst du jeden morgen mit Daddys großem Autos vor." Gelächter.

Mario: „Ich finde, wichtiger ist noch die Frage, warum seit der Aufklärung das Gewissen auf der Strecke geblieben ist."

Pauline: „Mal ein bisschen konkreter bitte."

Mario: „Nun, so schwer ist das gar nicht. Mit der Beseitigung des Mythos' hat man die Welt, also die Natur, entgöttlicht. Damit hat der Mensch die höhere Instanz, der er sich verpflichtet wusste, abgeschafft. Wenn es aber keine höhere Instanz mehr gibt, dann ist der Mensch nur noch sich selbst gegenüber verantwortlich."

„Das ist doch gut so", ruft jemand dazwischen. „Der Mensch ist das Maß aller Dinge."

Mario: „Einerseits hast du Recht, andererseits können die Menschen jetzt aber alles begründen und rechtfertigen, was sie tun. Denken wir nur an die Macht der Ideologie, wo Menschen die Götter zwar wegrationalisieren, aber dafür sich selbst zum Gott machen."

„Und die Vernunft wird wieder zum Mythos", wirft Hämpel ein, „so wie früher. Nur mit dem einen Unterschied, dass die Menschen das heute schwer zugeben können."

Pauline: „Warum lassen Sie nicht uns die Zusammenfassung machen?"

„Weil die Zeit drängt." Hämpel ist aufgestanden. „Vielen Dank unseren Moderatoren Pauline und Mario. Das ist einen Applaus wert." Tosender Beifall, Pfiffe und Gejohle. Da wacht jeder, der geschlafen hat, wieder auf. Die beiden gehen auf getrennten Wegen zu ihren Plätzen, und Hämpel sitzt wieder hinterm Lehrertisch. „Folgende Überlegung: Wenn der Mensch früher alle Ängste und Sehnsüchte mittels Mythos in den Himmel projiziert hat, der Mythos aber durch die Vernunft ersetzt wurde, wo sind dann die Ängste und Sehnsüchte geblieben? Maxi bitte."

„Na beim Menschen, ist doch ganz klar", antwortet diese schnippisch.

„Und wie äußern sie sich?" fragt Hämpel zurück.

„Hä, wer äußert sich wie was? Vielleicht geht's noch ein bisschen unverständlicher?" Maxi macht eine abfällige Handbewegung.

„So klar ist es also doch nicht", stellt Hämpel fest und grinst vieldeutig in Maxis Richtung. „Noch einmal: Wie geht der Mensch mit seinen Ängsten, Sehnsüchten, Träumen und Gefühlen um, wenn er das alles nicht mehr in einem Mythos unterbringen kann?"

Pauline: „Er schafft sich neue Mythen, moderne eben. Aber so weit waren wir doch schon."

Hämpel: „Langsam. Darüber sollen Sie sich ja gerade ein bisschen ausführlicher Gedanken machen: Moderne Mythen und pseudoreligiöses Verhalten in der Moderne – zur nächsten Stunde, als Hausaufgabe. Ein paar Sätze genügen."

„Wir haben schon so viel auf."

„Wir schreiben diese Woche noch eine große Matheklausur."

Die üblichen Proteste. Sie gehen im Pausenklingeln unter. Beim Hinausgehen nickt Hämpel der Klasse noch einmal zu. Es reagiert zwar niemand, aber er ist mit sich und der Welt wieder versöhnt. Und jetzt steht eine Freistunde in seinem Stundenplan. Pfeifend geht Hämpel die Treppe hinunter. Ein Gefühl von guter Laune breitet sich langsam aus.

Auf dem Hof kommt ihm Yalom entgegen, ein schmächtiger, blasser Schüler aus der 7c. Hämpel hat in dieser Klasse zwar keinen Unterricht, aber dieser Schüler fiel ihm schon öfter auf, denn er grüßt immer freundlich. Aber das ist es nicht, weswegen Hämpel ihn anspricht. „Du, sag mal, ich seh dich so oft am Bahnhof. Was machst du denn da?"

Yalom wird ein bisschen rot und guckt nach unten. Seine Stimme ist leise und undeutlich: „Gar nichts. Vielleicht habe ich jemanden abgeholt."

„Aber du bist so oft dort."

Yalom sieht kurz auf. „Dann sind Sie aber auch oft am Bahnhof."

„Nein, das bin ich nicht", sagt Hämpel mit Nachdruck, „ich komme bloß zweimal täglich dort vorbei. Willst du mir nicht sagen, was du da machst?"

„Das ist doch meine Sache. Oder ist das verboten?"

Dafür, dass er so schüchtern ist, kann er ganz schön frech werden, denkt Hämpel. „Natürlich ist das nicht verboten. Ich frag mich bloß, warum du immer am Bahnhof herumstehst. Andere Jungs sind auf dem Bolzplatz, spielen Fußball."

„Fußball interessiert mich nun mal nicht."

„Was? Ein richtiger Junge in deinem Alter – na von mir aus. Dann unternimmst du eben mit ein paar Freunden etwas."

„Was denn?" entgegnet Yalom trotzig.

Hämpel holt tief Luft: „Was weiß ich? Es gibt tausend Möglichkeiten, seine Freizeit sinnvoll zu verbringen."

Yalom kratzt sich am Kopf. Er schweigt.

„Aber für irgendetwas wirst du dich doch interessieren?" setzt Hämpel mit ungutem Gefühl neu an. Das Gespräch läuft irgendwie daneben. Er hätte es geschickter anfangen sollen.

Yalom guckt unruhig um sich. „Mich interessieren eben Züge, ICE und so."

„Die halten hier doch gar nicht." Hämpel atmet tief durch. „Was sagen denn deine Eltern, wissen die Bescheid?"

„Ja."

„Was ja?"

„Ja, die wissen Bescheid." Yaloms Stimme wird fester. Ungeduldig sieht er seinen Mitschülern hinterher. „Wenn ich meine Hausaufgaben gemacht habe, darf ich zu den Zügen. Ist ja auch nur manchmal."

„Also brauche ich mir keine Sorgen zu machen, dass du da irgendwelchen – äh – Blödsinn machst?"

„Was für Blödsinn denn?"

„Na ja ...“ Hämpel sucht nach Worten. „Es gibt Jungs oder auch Mädchen, weißt du, die ...“

Yalom zeigt mit der Hand über den Schulhof. „Ich muss jetzt wirklich los. Tschüss.“ Er schnappt sich seine Tasche, rennt los und verschwindet im Nebengebäude. In Hämpels Kopf nagen die Selbstzweifel. Eddi, du hast dich wieder mal saublöd angestellt. Wie kannst du den Jungen so zwischen Tür und Angel ansprechen? Da konnte ja nichts bei herauskommen. Trotzdem, die Sache ist mir nicht geheuer. Ich muss mal mit der Sozialtante reden, mich langsam vortasten. Man will dem Jungen ja auch nicht Unrecht tun. Der gehört in einen richtigen Sportverein, das ist alles. Aber dafür müsste er erst mal ein paar Pfunde drauflegen.

Vierte Stunde: Vertretung in der 6b

So Eddi, Freistunde, gönn dir was Gutes. Hast du dir sauer verdient. Ein kleines Käffchen wäre jetzt genau das Richtige, und gegessen hast du auch noch nichts. Kein Wunder, bei dem Irrenhaus hier. – So eine Sauerei! Den Kaffee ausgesoffen und keinen neuen aufgesetzt. Typisch Kollegen! Alles muss man selber machen. Ich denke gar nicht daran, für diese Egoisten die Kaffeemaschine anzuschmeißen. Dann brühe ich mir meine Tasse eben so auf.

Der Konrektor steht im Türrahmen und sieht Hämpel fragend an. So etwas verunsichert ihn, wenn Leute nur gucken und nichts sagen. Eddi, bleib ruhig. Am besten lässt man solche Typen einfach stehen. Sollen sie gefälligst den Mund aufmachen, wenn sie was wollen. Von mir aus kann der noch lange da vor sich hin glotzen. Doch Hämpel ist sensibel, sozial und kommunikativ. Diese Art der bedrückenden Stille hält er nicht lange aus. „Guten Morgen!“ bringt er etwas gedehnt hervor. „Äh – wir haben uns heute wohl noch nicht begrüßt?“

Der Konrektor: „Mag sein, von mir aus: Guten Morgen – ach Quatsch, wir hatten doch zur Hofpause schon miteinander zu tun! Entschuldigen Sie, aber ich frage mich, was Sie hier machen.“

„Ich habe eine Freistunde und bereite gerade den nächsten Unterricht vor.“

„So etwas sollte man lieber zu Hause tun, denn jetzt haben Sie eine Vertretungsstunde in der 6b, Biologie."

„Waas?" Hämpel traut seinen Ohren nicht. „Davon weiß ich ja gar nichts. Stand das heute Morgen denn auf dem Vertretungsplan?"

„Aber hundertprozentig! Und warum weiß ich das so hundertprozentig? Weil ich den Vertretungsplan persönlich ausgehängt habe. Und warum musste ich das tun? Weil Frau Pfeiffenkönig kurzfristig erkrankt ist."

Hämpel kocht: „Und warum ist Frau Pfeiffenkönig kurzfristig – äh, ich wollte fragen, äh sagen, Sie wissen, dass ich kein Biolehrer bin." Nebenbei überlegt er krampfhaft, wieso er heute Morgen nicht auf den Vertretungsplan geguckt hat. Das passiert ihm doch sonst nicht. Aber das belehrende Gehabe des Konrektors blockiert sein Denkvermögen.

„Herr Hempel!" Hämpel beißt sich auf die Zunge. „Selbstverständlich ist mir das bewusst. Und warum? Weil heute Morgen, als ich den Vertretungsplan noch einmal überarbeiten musste, mir nur noch Sie als frei verfügbar zustanden, ich meine, zur Verfügung standen. Wie Ihnen bekannt sein dürfte, ist auch Kollegin Fechner kurzfristig erkrankt und wird wohl langfristig ausfallen."

„Kurzfristig – langfristig, habe verstanden."

„Schön", sagt der Konrektor kurz. Seine Augen haben immer noch denselben erstaunt fragenden Blick. „Aber wissen Sie, was ich nicht verstehe?"

Eigentlich ist Hämpel die Antwort egal. Aber er antwortet trotzdem: „Nein."

„Warum Sie noch nicht in der Klasse sind."

„Ich will nur zu bedenken geben, dass ich kein Biolehrer bin."

Der Konrektor schnappt nach Luft: „Natürlich wusste ich zu bedenken, dass Biologie für Sie kein Thema ist, um eine Freistunden zu geben – ach Quatsch! Herr Hempel, Sie können einen ja völlig meschugge machen! Sehen Sie sich doch all die kranken Kollegen an, äh, ich meine die Liste der kranken Kollegen. Was soll ich denn machen?"

„Das frage ich ja die ganze Zeit. Was soll ich denn mit denen machen? Hat Herr Sprehmann denn wenigstens Aufgaben hinterlassen?"

„Das hat er unterlassen.“

Hämpel schmollt: „Und nun soll ich die Karre aus dem Dreck ziehen.“

„Herr Oberstudienrat Hempel!“ setzt der Konrektor mit erhobener Stimme an, „nun übertreiben Sie mal nicht. Sie müssen überhaupt keinen Dreck aus der Karre ziehen. Und warum nicht? Das bisschen Bio werden Sie schon durchziehen. Meinetwegen erzählen Sie den Kids etwas über die Entstehung der Welt, des Lebens im Allgemeinen, im Speziellen und an sich. Fangen Sie von mir aus bei Adam und Eva an. Das werden Sie als Religionslehrer doch wohl noch können, hi hi. Und dann kommen Sie zur Geschichte der Evolutionstheorie, Darwin und seinen Einfluss auf die Aufklärung. Man, Herr Hempel, Sie sind Geschichts- und Philosophielehrer. Soll ich Ihnen nun auch noch den Inhalt einer Vertretungsstunde erarbeiten?“

„Nein, natürlich nicht.“

„Und warum sind Sie dann immer noch nicht im Raum der 6a?“

„Sagten Sie nicht, ich soll in die 6b?“

„Herr Hempel! Sie können einen ja völlig aus der Fasson, ich meine, aus der Fassung bringen. 6a – 6b, das ist doch völlig egal. Hauptsache Sie gehen endlich!“

Missmutig macht sich Hämpel auf den Weg. Moment Eddi, wohin willst du denn eigentlich? Aber schnell zurück ins Lehrerzimmer, mein Lieber, und auf den Vertretungsplan geguckt! – So, wo müsste Herr Sprehmann jetzt Unterricht haben? – Ach hier, Raum 203! Hämpel stürmt den Flur entlang. Eddi, was ist im sechsten Jahrgang in Bio dran? Zu meiner Zeit haben wir mal Blätter gesammelt und abgemalt. Aber jetzt im November? Hämpel reißt die Tür auf und staunt, wie erwachsen die Schüler der 6. Klasse schon aussehen. Irgendetwas stimmt hier nicht, denn am Lehrertisch sitzt bereits die Kollegin Bregendick.

„203?“ fragt Hämpel ungläubig. „Klasse 6a oder b?“ Er flüstert und kraucht dicht an Frau Bregendick heran.

Sie weicht ruckartig zurück und wackelt eigentümlich mit dem Kopf. „Ja, nein“, haucht sie genervt, „die Räume wurden doch heute getauscht, wegen der Klausuren der 11. Klassen.“ Sie presst ihren Rücken in die Stuhllehne und wendet den Kopf schräg nach hinten.

Hämpel ist verunsichert: Habe ich Mundgeruch? Ich war lange nicht beim Zahnarzt. Schlechte Zähne verursachen Mundgeruch – auch wenn man lange nichts gegessen hat. Und ich habe heute noch gar nichts gegessen. „Und wo soll ich jetzt hin?“ fragt Hämpel ungeduldig.

Frau Bregendick schüttelt heftig mit dem Kopf, so wie ein Hund, der gerade aus dem Wasser kommt. „Also bitte, da müssen Sie sich schon mal die Mühe machen und auf den Klausurplan sehen. Woher soll ich denn wissen, wo Sie hinwollen? Ich bitte Sie! Oder gehen Sie doch einfach dem Lärm nach, der ist ja bis hierher zu hören. Da sind Sie auf jeden Fall richtig.“

„Ich verstehe nicht, warum das nicht gleich auf dem Vertretungsplan steht, das wäre doch eine enorme Erleichterung. Was meinen Sie, sollte man das nicht bei der nächsten Gesamtkonferenz zur Sprache bringen? Vertretungsplan – Klausurplan, man wird ja meschugge.“

„Ruhe da vorne, wir müssen uns hier konzentrieren!“ dröhnt es von irgendwo her.

„Ruhe da hinten!“ ruft Frau Bregendick. Sie ist aufgesprungen und guckt prüfend in die Klasse. Ihr Kopf wackelt. Sie setzt sich wieder, wendet sich Hämpel zu und wirft ihren Kopf plötzlich so weit nach hinten, dass man um seinen Halt fürchten muss. „Entschuldigen Sie bitte“, zischt sie, „der Klausurplan hängt seit zwei Monaten aus. Sie müssten bitteschön einfach mal draufsehen. Das dürfte nun wirklich kein Problem sein. Ich darf Sie bitten, hier nicht weiter zu stören, also bitte.“ Sie hat ihren Kopf wieder nach vorn geschoben und nickt bei jedem bitte nachdrücklich in Richtung Tür.

„Danke, ganz herzlichen Dank“, sagt Hämpel mit provozierender Höflichkeit. „Sie haben mir wirklich sehr geholfen, vielen Dank noch mal. Weiterhin einen schönen Tag noch und eine erfolgreiche Woche und überhaupt alles Gute für Sie!“ Hämpel geht betont langsam und leise, auf den Zehenspitzen balancierend, aus dem Klassenraum. Einige Schüler fangen an zu lachen. Frau Bregendick strafft ihren Rücken und reckt sich in die Höhe. An der Tür flüstert Hämpel noch einmal in den Raum: „Ich bitte um Entschuldigung und nochmals vielen Dank.“ Frau Bregendick sackt zusammen und stützt den Kopf in beide Hände. Es sieht aus, als müsste sie ihn festhalten, damit er nicht auf die Tischplatte schlägt. Doch um Hämpels Kopf ist es auch nicht besser bestellt. So eine aufgeplusterte Nebelkrähe. Die mit ihrem ‚Bitte' und ‚Gehen Sie doch einfach dem Lärm nach'. Aber die schafft's auch nicht bis zur Pensionierung, so entnervt wie die schon ist. – Oh Mann, spielt die 6b wilde Sau. Was mache ich bloß mit denen? Bäume malen! Genau. Jetzt, wo Stamm und Äste so gut zu sehen sind. Und ein paar stehen ja noch auf der Straße.

Hämpel eilt den Flur entlang, immer dem Lärm nach – doch der wird leiser. Also muss er zurück in die entgegengesetzte Richtung. An der Treppe bleibt er unschlüssig stehen und lauscht ins Treppenhaus. Kommt der Lärm nun von unten oder von oben? In letzter Zeit macht ihm sein nachlassendes Gehör zu schaffen. Altersbedingt, sagen die Ärzte. Wenn denen nichts mehr einfällt, dann heißt es immer Abnutzung, natürlicher Verschleiß, Alterserscheinungen. Hämpel entscheidet sich für oben. Falls es die falsche Richtung sein sollte, dann ist runterlaufen immer noch besser, weil er in der Klasse dann nicht so aus der Puste ankommt. Bei 37 Jahren Schule denkt man an sowas. Die Richtung stimmt. Wenigstens auf sein Gefühl kann er sich noch verlassen. Deutlich ist das Gebrüll der Jungen von dem Gekreische der Mädchen zu unterscheiden. Mit jedem Schritt nimmt der Lärmpegel zu – Hämpels Pulsfrequenz auch. Er weiß bloß nicht, ob vom Treppensteigen oder von der Aufregung. Auf jede Art von Lärm reagiert sein Herz. Es schlägt einfach schneller. Dagegen kann er gar nichts machen.

Hämpel atmet noch einmal tief durch, strafft sich und reißt die Tür auf. Entgeistert starrt er in die Klasse. Chaos, totales Chaos. Drei Jungen zerren an einem Mädchen, dem das aber gut zu gefallen scheint. Eine Baseballmütze fliegt durch den Raum. Hämpel kann ihr gerade noch ausweichen. Zwei Mädchen streiten sich um einen Kopfhörer. Irgendjemand klopft mit seinem Dreieck auf die Bank und spielt Specht im Walde. Drei, vier Schüler blasen Kondome auf und lassen sie durch den Raum sausen. Eine größere Gruppe zeichnet Obszönitäten an die Tafel und kreischt bei jedem Kreidestrich. Hämpel sieht irritiert weg. Was haben die Kids bloß für eine Fantasie – und das in diesem Alter. Er greift sich einen der Schmierfinken und fordert ihn auf, die Tafel zu wischen. Der Schüler grinst ihn an und geht zurück zu seinem Platz. Vorher wischt er seine kreidebleichen Hände noch am Pullover einer Schülerin ab. Auch sie kreischt.

„Ruhe!" ruft Hämpel. Niemand reagiert. Das war eindeutig zu leise, er hat sich ja kaum selbst gehört. Also ein zweites Mal: „Ruuh..."

Hämpel bekommt einen Hustenanfall. Noch schlimmer: einen Stimmritzenkrampf! Das schlimmste, was einem Lehrer passieren kann. Der krampfartige Husten schüttelt jeden durcheinander. An Sprechen ist überhaupt nicht zu denken. Hilfesuchend blickt Hämpel um sich. Der Wasserhahn ist die Rettung. Aber der lässt sich selbst mit größter Kraftanstrengung nicht bewegen. Außerdem braucht er seine ganze Energie für den Husten. Es hilft alles nichts, er muss noch mal raus auf die Toilette. Beim Gehen klappt er noch schnell die Tafel zu. Solche Schweinereien aber auch! Auf der Toilette muss irgendwer rauchen, das riecht er als Nichtraucher sofort. Seit zwei Jahren, einem Monat und fünf Tagen ist Hämpel entschiedener Nichtraucher, und das nach vierzig Jahren konstanter Rauchleistung. Eine Schachtel pro Tag. Aber irgendwie muss die Qualität seiner Zigarettenmarke nachgelassen haben, denn Hämpels Wohlbefinden wurde durch Herzhusten und Reizmagen empfindlich gestört. Und als Nathalie ihm fünfzig Euro Taschengeldaufbesserung versprach, rührte er keine Zigarette mehr an. Trotzdem bringt ihn jede Art von Zigarettenrauch furchtbar in Versuchung. Aber der Kerl hier raucht keine normale Zigarette, sondern Marihuana. Dafür hat Hämpel eine Nase. Doch jetzt ist erst die Stimme dran und dann die tobende Klasse. Man muss Prioritäten setzen. Das Wasser schmeckt zum Erbrechen. Er hätte es ablaufen lassen sollen, aber diese abgestandene Brühe hilft.

Hämpel macht eine Sprechprobe: „Hör zu, Freundchen, du machst sofort deinen Joint aus. Und dann verpisst du dich hier." Diese Redensarten sind zwar nicht korrekt, aber es sieht ihn ja niemand. Außerdem wird diese Sprache immer noch am besten verstanden. Zurück zur Klasse! Erstaunlich wie kontinuierlich die Kids im Krach machen sind. Eine Trillerpfeife müsste er jetzt haben, so wie ein Schiedsrichter. Da kommt ihm die rettende Idee. Was der Specht im Walde kann, kann er schon lange. Hämpel räumt den Lehrertisch frei, nimmt das Lineal von der Wand und schlägt mit ganzer Kraft zu. Ein Pistolenschuss kann nicht lauter sein. Die Klasse ist schlagartig still, so still, dass Hämpel ein lautes Pfeifen in den Ohren vernimmt. Mein Tinnitus, ich muss dringend zum HNO-Arzt. Aber ich habe diese Chaoten zur Ruhe gebracht. Trotzdem, irgendetwas stimmt nicht. Die ganze Klasse sieht nicht zu ihm, sondern zur Tür. Im Augenwinkel erkennt er seinen Konrektor. Wenigstens sein Gesichtsfeld ist noch intakt. Die Klasse ist immer noch still, geradezu unangenehm. Warum neigen Kinder immer so zu Extremen? Die Tür klappt zu, und Hämpel atmet erleichtert auf.

„So Leute, dann wollen wir mal anfangen. Was habt Ihr in der letzten Stunde gemacht bei Herrn Sprehmann?“

„Bockspringen“, ruft ein Junge in die Klasse. Gelächter.

„Das da“, sagt ein anderer Schüler und zeigt auf die Tafel.

„Mach doch mal einer die Tafel auf!“ Lautes Gelächter.

Hämpel: „Ruhe hier. Du kannst gleich mal die Tafel wischen. Beweg dich bitte. Nimm aber den feuchten Schwamm, damit du uns nicht einstaubst.“

Der Schüler öffnet beide Seitenflügel der Tafel. Die Klasse tobt. Gemächlich wischt er kleine Kreise, immer schön weit weg vom Objekt des Gelächters. Der Lärmpegel nimmt bedrohlich zu. Hämpel reißt dem Schüler den Schwamm aus der Hand und wischt unter dem Protest der Klasse die Tafel. Erneut greift er zum Lineal. Die Klasse wird ruhiger.

„So, noch einmal. Was war letzte Stunde dran?“

„Na, Bockspringen!“ Erneutes Gelächter.

„So ein Unfug, ihr habt doch bei Herrn Sprehmann keinen Sport.“

„Doch Sport, nämlich Bockspringen.“ Lauter werdendes Gelächter.

„Es wirklich stimmt!“ ruft ein schwarzhaariger Junge im gebrochenen Deutsch. „Der geile Bock bespringt!“ Tosendes Gelächter.

Hämpel kommt ins Schwitzen. Diese Klasse bezwingt er nicht. Trotzdem muss er noch durchhalten. Bloß wie? Sein Kopf ist völlig leer. „Ruhe hier!“ Drohend hebt er das Lineal. Wenigstens die Stimme funktioniert wieder. „Also, jetzt mal im Ernst. Antworte du mal.“

Eine Schülerin, die einen schüchternen Eindruck macht, antwortet: „Wir sprachen über Erben, Abstammen und so."

„Über die Abstammungs- und Vererbungslehre", ruft jemand in den Raum.

Hämpel: „Na ja, schön, und was hat das mit Sport zu tun?"

„Solche Sachen machen, Bespringen, ist guter Sport."

Wieder tosendes Gelächter. Der Specht im Walde meldet sich auch wieder. Die Klasse ist völlig außer Rand und Band. Hämpel lässt erneut das Lineal auf den Tisch sausen. „Ruuuhe! So, jetzt reicht's mir aber. Wie heißt du?"

„Yvonne."

„Dich meinte ich nicht, sondern deinen Nachbarn."

„Sie haben aber mich angeguckt."

Eddi, lass dir von diesem gackernden Suppenhuhn nicht einreden, dass du schielst. Trotzdem, geh mal zum Optiker. Vielleicht stimmt was mit den Gläsern nicht.

„Dann will ich eben den Namen von deinem Nachbarn wissen."

„Den kann er doch selber sagen."

Hämpel lockert die Krawatte und öffnet den Hemdskragen. „So, Herr Nachbar von Yvonne, dann gib mir doch bitte deinen Namen."

„Mündlich oder schriftlich?"

„Mündlich genügt mir. Also, ich höre."

„Yildiray El-Shamandi Abdul Assaf." Gelächter aus allen Ecken des Klassenzimmers. Der Schüler blickt Hämpel herausfordernd an.

„Das ist ein wirklich schöner Name. Den kannst du gleich noch einmal wiederholen."

„Yildiray El-Shamandi Abdul Assaf." Erneutes Gelächter, aber etwas verhaltener. Hämpel hat sich wieder gefangen. Sieh an, das kommt doch schon etwas kleinlauter. Dich packe ich schon bei den Hörnern, du wilder Ziegenbock. Du mit deinem Bespringen.

„Prima, und jetzt noch einmal schriftlich. Übrigens könnt ihr alle Papier und Stifte hervorholen. Und zwar malen wir jetzt keine Böcke, die über die Wiese springen, sondern schlicht und einfach Bäume. Jeder malt einen Baum, so wie ein Baum im Monat November aussieht. Alles klar?"

Die Schüler protestieren lautstark durcheinander. „Wir hatten heute früh schon Zeichnen."

„Warum muss es denn gerade ein Baum sein?“

„Wer soll denn das kriegen, Herr Sprehmann oder die Blütigkovern?“

„Mit was sollen wir malen, mit Stiften oder mit Tusche?“

Hämpel: „Ruuhee bitte. Nun stellt euch mal nicht so an. So ein Baum ist doch ruckzuck gemalt.“ Und in die Richtung des Ziegenbocks sagt er noch: „Und du legst mir endlich deinen Namen auf meinen Tisch.“

Yvonne: „Wie soll er das denn machen, seinen Namen auf Ihren Tisch legen? Außerdem haben Sie schon wieder mich angeguckt.“

Der Geräuschpegel schnellt wieder in die Höhe. Die Schüler denken überhaupt nicht daran, dem Auftrag nachzukommen. Hämpel resigniert, sein Kopf ist leer. Flehend sieht er zur Uhr. Noch sechs Minuten durchhalten. Zum Bäume malen ist es zu spät. Aber irgendwie muss die Zeit noch überbrückt werden. „Was habt ihr denn nächste Stunde?“ fragt er zwei stille Schüler in der ersten Reihe.

„Mathe, bei Herrn Klammer.“

„Kann es sein, dass er einen Test schreiben will?“ wirft Hämpel ein. „Irgend so etwas habe ich gehört.“ Das spricht sich rum wie ein Lauffeuer. Einige werden von wilder Hektik gepackt und holen ihr Mathebuch raus. Überall laute Unmutsäußerungen.

„Waaas? Er hat gesagt, erst nächste Woche!“

„O nein, und ich habe keine Ahnung.“

„Das soll er sich mal wagen, der alte Knacker.“

„Das ist mir doch scheißegal. Der Klammer kann mich mal, dieser Spanner!“

Die Situation gerät völlig aus den Fugen. Was ist das bloß für ein Chaotenhaufen? Eddi, du musst mal mit der Reichgarten reden. Die hat ihre Schüler ja überhaupt nicht im Griff. Aber Klassenlehrer behüten ihre Schüler wie eine Glucke ihre Küken. Hämpel lockert wieder die Krawatte. Eddi, das mit der Mathearbeit war keine gute Idee. Noch eine Minute. Was trägst du denn jetzt bloß ins Klassenbuch ein? Bei diesem Lärm kann sich doch kein Mensch konzentrieren. Endlich, das erlösende Klingelzeichen! Die Tür geht auf, und Herr Klammer kommt herein. Was will der denn schon hier? Jetzt ist doch erst mal große Pause. Herr Klammer wird sofort von der

Hälfte der Klasse bedrängt. Hämpel sieht zu, dass er sich davonmacht. Diese Stunde wäre überstanden! Auf dem Flur hört er, wie Herr Klammer seinen Namen ruft. Hämpel beschleunigt seinen Schritt, denkt nicht daran, noch einmal umzukehren.

Große Pause – Elterngespräch

Hämpel eilt ins Lehrerzimmer. Wenn er nicht sofort etwas in den Magen kriegt, fällt er um. Kaffeeduft erfüllt den Raum. Sein Lieblingsgeruch. Die Kollegen stehen mit ihren dampfenden Kaffeetassen dicht gedrängt herum und versperren ihm den Weg. Es wird gejammert, doziert, beklagt, gealbert, bewertet, diskutiert, gelehrt, geschimpft, entwertet, gekichert, genörgelt, belehrt, geklagt, intrigiert und gelacht. Lärm erfüllt den Raum. Kein Geräusch hasst er mehr, als dieses Durcheinander von zusammenhanglosen Wortfetzen. Genau wie bei den Schülern. Ob Lehrer- oder Klassenzimmer: Lärm, nichts als Lärm, und der macht bekanntlich krank. Hämpel arbeitet sich zur Kaffeemaschine vor. Hier und da grüßen Kollegen. Er grüßt in die Anonymität zurück, will nicht aufsehen, will nicht reden, er will endlich seinen Kaffee. Doch die Kanne ist leer – natürlich! Und natürlich hat auch niemand neuen Kaffee aufgesetzt. Schnaubend öffnet er die Kaffeedose – leer. So eine Egoistenbande! Jeder denkt nur an sich. Klar doch, Lehrer sind Einzelkämpfer, im Klassenzimmer, beim Elternabend, am Schreibtisch und logischerweise auch in der Küche. Ich jedenfalls hole keinen neuen Kaffee, worauf ihr euch verlassen könnt! Und wenn ich Leitungswasser trinken muss. In der Dritten Welt würden sie Hurra schreien, wenn sie Wasser unserer Qualität hätten. Das macht mir doch nichts aus, ein bisschen Wasser zu trinken. Aber auch gar nichts.

Grummelnd greift er nach einem Wasserglas. Dicht an seinem Ohr hört er plötzlich zusammenhängende Worte: „Na Edgar, brabbelst ja so vor dich hin.“ Es ist Heiner Schniewind, auch Geschichtslehrer, ein alter Duzfreund. „Ist der Kaffee alle? Sieh mal auf den Plan, wer dran ist.“

„Werner“, gibt Hämpel kurz zurück.

„Werner ist doch auf Klassenfahrt. Wer ist denn als nächster dran?"

„Gisela."

„Aber Edgar, Gisela ist seit Monaten krank. Und weiter?"

„Dem Alphabet nach Frau Grabmeier."

„Die ist in Sachen Gewerkschaft abgestellt. Und dann?" Hämpel starrt auf die Liste. Er fällt aus allen Wolken: „Ich? – Ja, woher soll ich denn das wissen? Ich frage mich nur, wozu wir einen Plan haben, wenn er ständig durch Krankheit, Schulungen, Sitzungen, Exkursionen, Klassenfahrten oder sonst was außer Kraft gesetzt wird!"

„Hast ja Recht, Edgar", sagt Schniewind beschwichtigend. „Nun reg dich mal nicht auf, hast ja noch Zeit. Wenn du dich ein bisschen beeilst, können wir noch mal eine Maschine aufsetzen."

Hämpel zeigt sich einsichtig. „Habe verstanden, bin schon unterwegs."

Beim Gehen spricht ihn einer der Musiklehrer an. Vier Schülerinnen kommen heute nicht zum Religionsunterricht, zusätzliche Chorprobe, Benefizkonzert, großer Auftritt in der nächsten Woche, Geld für den Schulverein. Hämpel hebt die Hände. Es kann heißen: Geht in Ordnung. Es könnte aber auch heißen: Was geht mich das an? Lass mich bloß in Ruhe!

Auf der Treppe wird er von einer Frau aufgehalten: „Sind Sie Herr Hempel?"

„Ja, Hämpel. Hämpel mit ä bitte."

„Entschuldigen Sie bitte, mein Name ist Siebenholz. Könnte ich Sie einen Augenblick sprechen? Im Sekretariat sagte man mir, Sie hätten bestimmt ein paar Minuten Zeit. Ich habe nur ein ganz kurzes Anliegen."

„Aber selbstverständlich. Ich muss bloß sehen, dass wir einen Raum finden, damit wir uns setzen können." Hämpel geht mit gemischten Gefühlen voraus. Man sagte mir – wenn ich das schon höre! Wer ist dieser man, der über meine Zeit verfügt? Natürlich habe ich Zeit, alle Zeit der Welt. Was hat ein Lehrer in den Pausen schon zu tun? Wozu gibt es eigentlich Elternsprechtage und Elternabende? Ganz einfach, damit die Eltern uns zwischendurch die Bude einrennen. Du hättest ja auch nein sagen können, Eddi, du Esel. Aber verdammt gut sieht sie aus, das muss man ihr lassen. Sie ist also die

Mutter von Ben, 8b, von diesem stinkenden Faulpelz. Schriftliche Verwarnung in der letzten Woche wegen unverschämten Verhaltens. Na, da bin ich aber gespannt. Aber gut sieht sie aus, sehr gut sogar.

Er schließt einen Klassenraum auf, öffnet die Fenster, bietet ihr einen Stuhl an und lächelt ihr aufmunternd zu: „Viel Zeit haben wir leider nicht, aber sagen Sie, worum geht's, Frau Siebenholz?“ Sie lächelt charmant zurück.

„Um Ben. Mein Junge hat ja diese Verwarnung bekommen. Das hat mich doch sehr getroffen. Ob Sie mir einfach erklären würden, wie es dazu kam? Ich möchte ja nicht, dass sich so etwas wiederholt.“

Hämpel hört wohlwollend zu. Was für eine weiche Stimme diese Frau hat. Das ist doch was ganz anderes als das harte Gekrächze von meinen Kolleginnen. Nun ja, die Stimme nutzt sich bei unserem Job eben ab. Und der Glanz ihrer Haare! „Nun“, antwortet Hämpel im ruhigen Plauderton, „ich habe geschrieben wegen häufigen Störens und beleidigender Äußerungen dem Lehrer gegenüber.“

„Ja, das habe ich gelesen“, kommt von Frau Siebenholz sanft zurück. „Ben war darüber auch sehr enttäuscht, richtig traurig.“ Sie überlegt einen Augenblick. „Aber wissen Sie, Ben sagt, andere Schüler stören auch, und die werden nicht verwarnt.“

„Das ist richtig, ich meine, nur zum Teil. Denn in dieser Stunde hat er besonders gestört. Und dann ist er mir auch noch frech gekommen.“

„Ach so“, sagt Frau Siebenholz nachdenklich. Wieder lässt sie sich Zeit. „Ich weiß nicht recht, wie ich Ihnen das erklären soll. Mein Ben sagt, andere Schüler machen zehnmal mehr Blödsinn, und da passiert gar nichts. Aber wenn er seinem Tischnachbarn nur eine Frage stellt, dann wird er sofort ermahnt.“

Obwohl Hämpel findet, dass sie reichlich daneben diskutiert, aber das tun ja viele Eltern, hängt er an ihren Lippen und saugt ihre Worte geradezu auf. „Da kann ich Sie beruhigen, das ist nicht so. Ich behandle die Schüler alle gleich.“

„Ben meint aber, bei den Mädchen würden Sie mehr durchgehen lassen, überhaupt zögen Sie die Mädchen vor. Mein Ben kann sich zehnmal melden, und er kommt nicht ran. Bei den Mädchen verhalten Sie sich ganz anders."

Frau Siebenholz hat ihren Kopf ein wenig nach vorn geneigt. Dadurch wirken ihre dunklen Augen noch größer. Sie leuchten wie zwei Diamanten. Aber irgendetwas funkelt in ihrem unwiderstehlichen Blick, das Hämpel nicht recht deuten kann. Er sieht beiläufig zur Uhr und spürt aufkommende Ungeduld, aber seine Stimme bleibt moderat. „Das ist leicht zu erklären. Einige Mädchen in der 8. Klasse sind schon weit entwickelt, ich meine geistig, intellektuell. Diese Schülerinnen bringen den Unterricht voran und geben ihm Niveau. Da ist es doch verständlich, dass ich solch Engagement unterstütze, fördere."

„Schön. Und wie fördern Sie Schüler, die sich nicht so in den Vordergrund spielen?"

„Nun", kommt von Hämpel etwas gedehnt, „es gibt ja noch andere Unterrichtsmethoden: Schülervorträge, Gruppenarbeit, Rollenspiel und so weiter. Da bekommt jeder seine Chance."

„Das klingt gut. Aber warum übersehen Sie meinen Ben, wenn er sich einbringen möchte?"

„Da kann ich Sie beruhigen. Das tue ich ganz und gar nicht."

„Sagen Sie mal, Herr Hempel, bin ich denn so aufgeregt?" fragt Frau Siebenholz.

Hämpel stutzt: „Wieso?"

„Nun, Sie sagen jetzt schon zum zweiten Mal ‚Da kann ich sie beruhigen'. Ich bin nicht aufgeregt. Ich bin auch nicht ärgerlich. Ich möchte nur besser verstehen, wie es zu dieser dummen Geschichte kam." Sie sieht Hämpel eindringlich an. Er weicht ihrem Blick aus. „Wollen wir noch mal über meine Frage sprechen?"

„Welche Frage?" gibt Hämpel unsicher zurück.

„Warum Sie meinen Ben so oft übersehen?"

Hämpel hat sich wieder gefangen und sieht Frau Siebenholz ernst an. „Ich möchte Klartext mit Ihnen sprechen. Die Mitarbeit von Ben lässt sehr zu wünschen übrig. Das geht schon lange so. Es ist noch nie vorgekommen, dass Ben sich im Unterricht zehnmal gemeldet hätte." Diese kleine Spitze musste sein.

„Ach so, antwortet Frau Siebenholz unbeeindruckt, „haben Sie sich schon mal gefragt, woran das liegen könnte?"

„Äh, wie meinen Sie?“ Hämpel ist irritiert. Woran soll das schon liegen? Der Bengel ist dumm, dreist, frech und faul. Der stinkt vor Faulheit, das ist alles, null Bock auf nichts, ewig diese gelangweilte Visage. Normalerweise müsste er vor Faulheit schon stinken, aber das kann ich natürlich nicht sagen. Außerdem macht diese Schönheit einen recht hartnäckigen Eindruck.

„Ich denke“, sagt Hämpel so locker wie möglich, wieder auf die Uhr blickend, „der Junge hat mit sich zu tun, wie ja viele in diesem Alter.“

„Gewiss, aber ich wüsste von keinen Problemen bei meinem Ben. In anderen Fächern steht er ja auch gut. Nur bei Ihnen bekommt er immer eine Vier ...“

Das Gespräch nimmt keinen guten Verlauf. Es fängt an, ungemütlich zu werden. Zudem drängt die Zeit, und es ist wichtig, das Ganze zu einem halbwegs befriedigenden Ergebnis zu bringen. Er rückt etwas näher an Frau Siebenholz heran. Nähe drückt Vertrautheit aus. Ein bisschen versteht er was von Körpersprache – vom Duft einer dezent parfümierten Frau auch.

„Frau Siebenholz, ich kann Sie beruh ..., äh, gut verstehen. Sie sorgen sich um Ihren Jungen. Das brauchen Sie aber nicht. Sozialkunde ist nicht jedermanns Sache. Wenn wir wieder zum regulären Geschichtsunterricht kommen, dann ...“

„Das glaube ich eben nicht“, unterbricht Frau Siebenholz. Sie ist mit dem Stuhl etwas zurückgerutscht und hat den alten Abstand wieder hergestellt. Ihre Stimme hat einen energischeren Ton bekommen, aber sie zeigt nach wie vor ihr lächelndes Gesicht. „Genau das glaube ich eben nicht, dass es an Sozialkunde liegt. Ganz im Gegenteil. Mein Junge ist an allem sehr interessiert. Er erzählt viel zu Hause, was in diesem Fach behandelt wird. Jetzt darf ich vielleicht auch mal Klartext sprechen. Könnte es nicht sein, dass zwischen Ihnen beiden die Chemie nicht stimmt?“

Ein unhaltbarer Vorwurf! Hämpel ist empört, sucht nach Worten. Vor allem muss dieses immer komplizierter werdende Gespräch endlich ein Ende finden, denn die innere Elastizität schwindet merklich. „Frau Siebenholz. Ich kann Ihnen versichern, von meiner Seite bestehen nicht die geringsten Aversionen – äh, Abwehrreaktionen gegenüber Ihrem Bengel, äh, Ben." Hämpel könnte sich Ohrfeigen. Immer diese peinlichen Versprecher!

Doch Frau Siebenholz lächelt gütig. Es scheint so, als würde sie einlenken. „Ich will Ihnen gerne glauben, Herr Hempel, ich bin davon überzeugt, dass Sie es gut meinen. Trotzdem lässt mich der Gedanke nicht los, dass Ihr Verhältnis zu meinem Jungen gestört ist. Schauen Sie, nur bei Ihnen bekommt er schlechte Noten, sogar eine Verwarnung. Nur bei Ihnen heißt es, er sei frech. Von anderen Lehrern kommen keine Klagen, nur von Ihnen. Und das, was er mir berichtet hat, fand ich überhaupt nicht frech."

„Wie bitte?" Hämpel reißt der Geduldsfaden. Seine Stimme wird lauter. „Wenn der ..., wenn Ben lautstark durch die ganze Klasse ‚Dieser abgefuckte Notenwichser' ruft, dann ist das nicht nur frech, sondern auch beleidigend."

„Aber Herr Hempel." Frau Siebenholz' Stimme klingt wie Samt. „Sie waren doch auch mal jung. Die Kinder schnappen von irgendwo etwas auf, ohne recht zu wissen, was sie da sagen. Wir beide haben lange miteinander gesprochen, und er konnte mir nicht erklären, was ein abgefuckter Notenwichser ist. Und ich weiß es auch nicht. Wissen Sie es?"

„Äh, darum geht es doch gar nicht. Derartige Beleidigungen dem Lehrer gegenüber können einfach nicht geduldet werden."

„Von welchem Lehrer sprechen Sie?"

„Na, von mir", antwortet Hämpel achselzuckend. Seine Stimme ist laut und hektisch geworden.

Jetzt ist es Frau Siebenholz, die mit ihrem Stuhl dichter an Hämpel heranrückt. Sie sieht ihn einen Augenblick nachdenklich an. Mit vertraulichem Ton fragt sie. „Könnte es sein, dass Sie öfter ganz harmlose Dinge zu schnell auf sich beziehen, also gleich persönlich nehmen?"

„Äh, ich habe ein bisschen Mühe zu verstehen, was Sie meinen."

„Nun, vielleicht haben Sie deswegen so empfindlich reagiert, weil Ihre Wahrnehmung sich von der meines Jungen unterscheidet?"

„Ach so, Sie meinen, mit meiner Wahrnehmung stimmt etwas nicht?" Hämpel ist aufgesprungen, um ein weiteres Fenster zu öffnen. Dass er jetzt immer noch Hitzewellen kriegt. Männer müssen zwar auch durchs Klimakterium, aber mit 62 dürfte diese Zeit doch überstanden sein.

Frau Siebenholz reibt sich fröstelnd die Arme, sie lächelt ihn an und sagt: „Ach nein, Herr Hempel, so absolut möchte ich das nicht behaupten. Ich mag auch keine Verallgemeinerungen. Aber vielleicht auf meinen Ben bezogen. Möglicherweise liegt es auch am großen Generationsunterschied."

„Ich verstehe, Sie halten mich für zu alt?"

„Lieber Herr Hempel!" Frau Siebenholz beugt sich kurz vor und sieht ihm tief in die Augen. Hämpel durchfährt es heiß und kalt. „Das ist jetzt aber wirklich auffällig."

„Wie, was meinen Sie?" Hämpel kann dem Gespräch nicht mehr richtig folgen. Sitzt ihm hier etwa eine Psychotante gegenüber, die jedes Wort analysiert?

Frau Siebenholz lächelt nachsichtig. „Sehen Sie, so etwas kann ja vorkommen, dass Lehrer bestimmte Schüler einfach nicht sympathisch finden. Wir sind doch alles nur Menschen. Mein Ben hat von Ihnen zum Beispiel noch nie ein liebes Wort gehört."

„Noch nie ein liebes Wort", wiederholt Hämpel mechanisch.

„Ganz recht. Sie verstehen mich. Ich wäre Ihnen also sehr dankbar, wenn Sie auf meinen Jungen ein bisschen zugehen würden. Mal ein bisschen motivieren, mal ein aufmunterndes Wort, nur ein kurzes Lächeln und diese oder jene Bemerkung einfach mal überhören. Es ist ja nicht alles immer gleich persönlich gemeint. Und wenn man dann narzisstisch überreagiert, sind nachher die Schüler die Leidtragenden. Das werden Sie doch auch nicht wollen. Und am allerwenigsten liegt mir daran, mich noch mal an den Schulleiter oder ans Schulamt wenden zu müssen. Einverstanden, Herr Hempel?"

Die letzten Sätze hat Hämpel nur noch aus der Ferne mitbekommen. Er sieht Frau Siebenholz sprachlos an. Was ist sie doch für eine außergewöhnlich schöne Frau. Diese Figur, diese Sitzhaltung, die sparsamen, aber eleganten Bewegungen, die Zartheit ihrer Hände, die geschmackvolle Kleidung, die geschmeidige Stimme und dieses bezaubernde Lächeln. Wie kann eine so schöne Frau nur so ein Monster von Lauselümmel haben. Und was geht aus diesem sinnlichen Mund bloß für ein Schwachsinn hervor. Gar nichts werde ich. Der Bengel soll sich gefälligst benehmen. Das ist alles!

Frau Siebenholz sieht Hämpel prüfend an. „Ist das wirklich alles? Sie sind auf einmal so nachdenklich geworden."

„Nein. Ja, natürlich. Ich schlage vor, wir sollten uns noch einmal zum Elternsprechtag zusammensetzen."

„Das ist sehr freundlich von Ihnen. Und sicher wird mir mein Ben bis dahin schon Positives berichten können."

Es klingelt. Die ersten Schüler einer 8. Klasse toben herein. Zwei Jungs grölen: „In der Suppe schwimmt ein Fromms, wohl be ... Nanu, was ist denn hier los?"

„Wir stören doch hoffentlich nicht!"

„Fenster zu, saukalt hier!"

Frau Siebenholz und Hämpel haben Mühe, sich gegen den Strom der drängelnden Schüler den Weg zu bahnen. Auf dem Flur drückt Frau Siebenholz Hämpel noch einmal warm die Hand: „Vielen Dank. Jetzt bin ich doch weitaus beruhigter. Ganz herzlichen Dank für Ihr offenes Ohr, Herr Hempel."

„Keine Ursache, Frau Siebenholz. Übrigens, Hämpel mit ä bitte. Also dann, bis zum Elternsprechtag. Auf Wiedersehen." Auch er drückt ihr warm die Hand und ist erleichtert, dass dieses unerquickliche Gespräch endlich beendet ist. Eddi, diese Person hat dich voll ins Abseits laufen lassen. Wenn du dir mit dem Elternsprechtag mal kein Eigentor geschossen hast. So ein Gespräch, und du Esel willst eine Wiederholung. Falsch wie eine Natter ist die. Schön, aber falsch. Und zubeißen kann die. Dass ausgerechnet die Giftschlangen die schönsten sein müssen. Mensch, Eddi, du musst schleunigst an den Kopierer ...

Fünfte Stunde: Religion in der 5c

Auf dem Weg zum Kopierer rufen ihm einige Kollegen zu: „Edgar, der Kaffee ist alle! – Herr Hempel, die Kaffeemaschine! – Edgar, denkst du bitte an den Kaffee?" Er hebt die Hände. Das Wort Kaffee kann er nicht mehr hören, obwohl er dringend einen bräuchte und irgendetwas Essbares zwischen den Zähnen. Denn der Magen ist immer noch leer. Der Kopf auch, die hirnrissigen Bemerkungen von Frau Siebenholz blockieren jeden klaren Gedanken.

Der Kopierer ist natürlich besetzt. Frau Reese, die Biolehrerin, hat sich ausgebreitet und arbeitet ihren Bedarf für die ganze Woche ab. Wo war die eigentlich, als ich die 6b bändigen musste? Unsereins opfert seine Freistunden und die schiebt hier ne ruhige Kugel. Na ja, so sieht die ja auch aus. Mensch, kann die sich nicht ein bisschen bewegen? Muss die gerade jetzt hier stehen?

„Das ist mein gutes Recht, hier zu stehen", sagt Frau Reese mit energischem Ton.

„Wie bitte?" Hämpel kommt ins Grübeln.

„Sie haben es wohl eilig, Herr Kollege?"

„Wieso?"

„Sie gucken so, als ob Sie es eilig hätten."

„Wie guckt man denn, wenn man es eilig hat?"

„Na, so wie Sie." Frau Reese unterfüttert ihre Worte mit einem Lachen, das schwer zu deuten ist. Man kann es schadenfroh, gönnerhaft, hämisch, verständnisvoll, verständnislos, ironisch, neutral oder wissend auffassen.

Hämpel, von einem Bein aufs andere tretend, ist das im Augenblick ziemlich egal. „Ach so, verstehe, ich wäre Ihnen trotzdem dankbar, wenn es ein bisschen schneller ginge, ich muss in den Unterricht."

„Natürlich. Wissen Sie, ich habe mir grundsätzlich angewöhnt, mein Material in der Freistunde oder in der großen Pause zu kopieren und nicht so kurz vorm Klingelzeichen. Erstens hat man weniger Stress, und zweitens möchte ich prinzipiell pünktlich zum Unterricht erscheinen."

„Natürlich, ich hatte bloß gerade ein Elterngespräch."

„Darauf lasse ich mich schon lange nicht mehr ein, prinzipiell nicht. Elterngespräche finden bei mir grundsätzlich am Elternabend oder am Elternsprechtag statt. Ich bin auch nur ein Mensch."

„Ich auch. Äh, Sie haben ja jetzt eine Freistunde, und ich muss in den Unterricht. Könnten Sie mich vielleicht ...? Hämpel untermauert seine Worte mit drängenden, ungeduldigen Gesten in Richtung Kopierer.

Frau Reese stemmt die Arme in die Hüften: „Also, Herr Hempel, normalerweise lasse ich mich grundsätzlich nicht bei meiner Arbeit unterbrechen! Prinzipiell nicht! Ich komme völlig aus dem Konzept und muss nachher alle Kopien neu sortieren. Wissen Sie, wenn man nicht dran bleibt, dann wird man von allen Seiten nur so untergebuttert. Darin sind alle Kollegen grundsätzlich gleich. Im Prinzip bin ich doch auch ...“

„... nur ein Mensch. Ich danke Ihnen vielmals für Ihr Verständnis.“ Während Frau Reese in die Küche geht und lauthals die leere Kaffeedose moniert, legt Hämpel seine Kopie für die 5c ein: 27-mal Der heilige Martin. Doch der Kopierer spuckt einen ganz anderen Text aus: Die Kartoffel. Scheiße noch mal! Auf welche Taste muss man denn jetzt drücken, um diesen Blödsinn zu stoppen? Am besten auf alle. Bei Blatt 21 gibt der Kopierer endlich Ruhe. Hämpel öffnet die untere DIN A4-Klappe und entsorgt die Reste seiner Kollegin. Beim Blick auf das Arbeitsblatt liest er sich fest:

Die Kartoffel – deine Freundin. Was empfindest du beim Anblick einer Kartoffel? Lege sie vor dich auf den Tisch. Jetzt sollten Radio, Fernseher oder sonstige Ablenkungsquellen grundsätzlich ausgeschaltet sein. Denn es geht jetzt nur um die Kartoffel und um dich. Betrachte sie nicht als Konsument, sondern als wäre sie ein Teil von dir und du ein Teil von ihr. Auch die Kartoffel atmet Leben, ja Lebensfreude. Spürst du die Kraft der Erde, eine Quelle der Energie? Nun schließe die Augen und nimm sie in die Hand ... und greife voll daneben. Mensch, die Reese hat vielleicht eine Macke! So ein Stuss. Hämpel verdreht die Augen, prompt wird ihm schwindelig. Na ja, auch sie ist nur ein Mensch. Trotzdem, bewahre diesen Schwachsinn mal auf. Man kann nie wissen ... Schnell steckt er eine Kopie in die Aktentasche.

In der Küche ereifert Frau Reese sich immer noch über den fehlenden Kaffee: „Das ist nicht liederlich, das ist nicht vergesslich, das grenzt schon an Boshaftigkeit. Das lass ich mir nicht länger gefallen. Wozu zahlen wir hier eigentlich ein? Das muss noch mal grundsätzlich geklärt werden.“ Hämpel hört dem Selbstgespräch schmunzelnd zu. Dann macht er sich auf den Weg in die 5c! Schon von weitem sind die tobenden Kinder zu hören. Er atmet tief durch und lockert die Krawatte. Beim Betreten des Klassenzimmers wird er sofort von allen Seiten bestürmt.

„Darf Paul nach Hause gehen?“

„Er hat schon angerufen, aber es war nur sein großer Bruder dran.“

„Der hat gesagt, so was braucht man sich nicht gefallen zu lassen.“

Hämpel macht eine beruhigende Handbewegung: „Ruhe hier! Nicht alle auf einmal. Was ist denn überhaupt los?“

Die Schüler sprechen alle durcheinander, einige schreien, andere schubsen. Jeder will sich bei Hämpel Gehör verschaffen. „Paul ist von Frau Mufflinger beleidigt worden. Sie hat zu ihm Kolbenfresser gesagt.“

„Nein. Frustbolzen, weil er die Melone nicht zurücklegen wollte.“

„Das war doch erst hinterher, du Spass. Zuerst hat sie ihn mit Bulldozer beschimpft. Dabei haben die von der 7b vorgedrängelt. Die waren viel zu früh da und deswegen hat Paul ...“

„Langsam, langsam, Kinder. Ruhe hier!“ Hämpel hebt abwehrend die Hände. „Setzt euch bitte, und Paul erzählt jetzt schön der Reihe nach, was passiert ist.“

Langsam kommt die Klasse zur Ruhe. Paul beginnt: „Die von der 7b waren viel zu früh beim Mittagessen. Und dann kamen noch andere und drängelten sich auch vor. Das haben wir uns nicht gefallen lassen. Und dann hat Frau Mufflinger mich einfach aus der Schlange genommen, und ich musste mich wieder hinten anstellen, dabei waren die anderen Schuld.“

Hämpel kann sich denken, was passiert ist: Immer entlässt irgendein Kollege die Schüler vorzeitig aus dem Unterricht, und andere müssen es ausbaden. Denn der Lärm auf den Fluren springt sofort auf die Klasse über, raubt auch dem bravsten Schüler das letzte bisschen Aufmerksamkeit. Doch besonders belastend ist das für Kollegen, die zur Mittagszeit im Speisesaal Aufsicht haben, denn die drängelnden Schüler benehmen sich wie ausgehungerte Wölfe. Und wenn dann auch noch Klassen heranstürmen, die eigentlich noch gar nicht dran sind, dann ist das Chaos perfekt. Hämpel: „Und wie war das nun mit dem Melonenfresser?“

„Kolbenfresser! Frustbolzen!“ rufen die Kinder.

Paul: „Ich habe mir nur eine Melonenscheibe genommen. Ich wäre ja sowieso gleich dran gewesen. Und da hat sie zu mir Kolbenfresser gesagt.“

„Und danach noch Frustbolzen. Das sind Schimpfwörter.“

„Ausdrücke! Beleidigungen! Wir lassen uns das nicht gefallen.“

„In der letzten Stunde hat sie Auto zu mir gesagt“, ruft jemand in die Klasse.

„Auto?“ fragt Hämpel ungläubig. „Das ist doch aber keine Beleidigung. Ich meine, was ist denn daran so schlimm?“

„Frau Mufflinger hat gesagt: Du guckst wie ein Auto, nur deine Scheinwerfer sind erblasst. Dabei habe ich nur nicht richtig verstanden, was sie wollte. Es war so laut.“

Hämpel muss schmunzeln. Frau Mufflinger, Sportlehrerin, ist ein Autofreak. Noch vor ein paar Jahren ließ sie kein Autorennen aus. Sie ist bekannt für ihre markigen Vergleiche, besonders auf dem Sportplatz: Nun gib mal ein bisschen Gas – hast wohl nicht vollgetankt – du schleichst ja nur noch auf den Felgen – kein bisschen Power unter der Haube – renne hier nicht mit angezogener Handbremse herum – prüf mal deinen Reifendruck! Hämpel mag sie. Irgendwie sind sie sich ja auch ähnlich. „Na ja, Kinder, ich denke mal, sie meint das nicht so. Und das mit dem Melonenfresser ...“

„Kolbenfresser!“ rufen mehrere Schüler dazwischen.

„Das sind beleidigte Schimpfwörter. Dagegen kann man klagen!“ Hämpel wiederholt seine beruhigende Handbewegung. „Nun mal langsam, Kinder. Von wegen beleidigende Schimpfwörter. Wisst ihr denn überhaupt, was ein Kolbenfresser ist, ich meine, was da im Motor passiert?“

Die Schüler sehen sich ratlos an. Die Aufregung schwindet. Diese kleinen Tiger wären gebändigt. Mit den Sechstklässlern wäre das schon nicht mehr so einfach gegangen. Die wollen wirklich wissen, was da passiert, und Hämpel hätte dagestanden. Aber so ist er mit sich zufrieden. „Na, seht ihr. So, Kinder, zu unserem Thema: Wie lautete die Hausaufgabe? Wer liest mal vor? Philipp, bitte.“

„Der heilige Martin. Wie kam es, dass aus einem kaiserlichen Soldaten ein Bischof wurde?“

„Genau. Na, Simon, du guckst so.“

„Na und?“

„Nix na und“, sagt Hämpel unwirsch, „lies vor.“

„Ich habe mein Heft vergessen, im Wohnzimmer. Da kam ich nicht rein, weil meine Mutter abgeschlossen hat, wegen dem Fernseher.“

„Hast du nun dein Heft vergessen oder konntest du nicht ins Wohnzimmer? Außerdem – warum liegt dein Heft nicht einfach im Kinderzimmer oder noch besser in deiner Mappe?“

Simon: „Die Freunde von meinem Bruder waren da, und die haben so rumgetobt. Da bin ich ins Wohnzimmer gegangen und wollte dort Hausaufgaben machen, aber das war abgeschlossen, weil ich Fernsehverbot habe. Und in die Küche konnte ich auch nicht, weil meine Mutter gerade Kuchen backen wollte.“

„Dann hättest du deine Mutter doch fragen können, ob sie dir das Wohnzimmer aufschließt. Außerdem hattest du das Heft ja immer noch bei dir.“

„Das habe ich doch vergessen.“

Hämpel schüttelt den Kopf: „Was hast du vergessen? Zu fragen oder – ach Junge, man sieht ja gar nicht mehr durch! Wer liest jetzt mal vor? Franziska, bitteschön.“

„Der heilige Martin war ein beliebter Soldat. Sein Vater wollte, dass er so mächtig wie der Kriegsgott Mars wird. So gab er ihm den Namen Martin und dazu ein großes Schwert. Er war gut zu den Menschen und schenkte ihnen im Winter Mäntel, damit sie nicht frieren. Das hörte der Kaiser und beförderte Martin zum Bischof. So wurde Martin ...“ Unruhe kommt auf. Gelächter. Widerspruch.

Hämpel runzelt die Stirn: „Mädchen, das war ja ein Fehlpass nach dem anderen. Zweiter Versuch. Schwatze aber bitte nicht und höre zu, damit du weißt, was du falsch gemacht hast. Ja Georg, prima, los geht’s.“

„Martin war früher ein tüchtiger Soldat. Aber eines Tages kam er in ein furchtbares Gewitter und wäre beinahe vom Blitz erschlagen worden. Da schwor er, dass er Mönch werden will und in ein Kloster gehen möchte, um die Reformation auszurufen.“

Lautstarker Widerspruch von allen Seiten.

„Mit dem Blitz, das war doch Martin Luther.“

„Den anderen Martin gab’s doch schon viel früher, weil er ein Heiliger war.“

„Quatsch! Als Soldat war er noch gar nicht heilig. Erst als er dem Kaiser das Schwert und den Mantel zurückgab."

„Schwachsinn! Den Mantel gab er einem Bettler."

„Aber nicht den ganzen. Er zerteilte den Mantel. Jeder bekam eine Hälfte."

„So was Hirnrissiges, dann hätten ja beide gefroren."

Hämpel hört entgeistert zu. Da ackerte er nun 24 Stunden über den heiligen Martin mit allen didaktischen und pädagogischen Tricks wie Ausmalen, Lückentext, Rollenspiel, Erarbeitung eines Hörspiels, inhaltlichen Wiederholungen und zusammenfassender Ergebnissicherung: alles für die Katz. Unmöglich, noch einmal von vorn anzufangen. Mit diesem Thema kann er frühestens in ein paar Jahren wieder kommen, im Zusammenhang mit Armut und Sozialarbeit der Kirche oder so. Jetzt muss er den Rest der Stunde retten und endlich die Laternen für den Umzug am Martinstag basteln lassen. Das wird immer gern angenommen.

„So Kinder, die Geschichte vom heiligen Martin werden wir uns später noch mal ansehen. Jetzt wollen wir erst einmal die Martinslaterne basteln. Franziska, tu etwas für deine Mitarbeitsnote und verteile bitte die Schnittbogen, Georg hilft ihr dabei. Das geht auch ein bisschen schneller, Georg bewege dich! Und die anderen sind leise. Ruuhee hier!"

Von Ruhe keine Spur. Einige Schüler protestieren lautstark.

„Wir basteln schon in Mathe – Würfel und so was."

„In jedem Jahr ist die blöde Laterne dran."

„Ich habe auch schon zu Hause ganz viele von den Dingern."

„Bring sie doch mit, dann brauchen wir nicht basteln."

„Ruuhee hier! Zu basteln heißt es übrigens! Philipp, fuchtle nicht mit der Schere herum. Willst du deiner Nachbarin die Augen ausstechen? Manuela, jetzt sind die Schnittbogen dran und nicht deine Fingernägel. Sophie, schneide nicht einfach drauflos, sondern immer an den vorgezeichneten Linien entlang. Und ihr beiden dahinten, fangt endlich an. Das alles geht auch ein bisschen leiser."

Es wird leiser, ein bisschen. Die Schüler sind beschäftigt. Hämpel kann durchatmen. Er holt aus der Tasche den Skandinavienkatalog hervor und beginnt darin zu blättern. Im Nu taucht er ein in die Ferne von Dalarna: tiefe Wälder, weite Seen, keine Menschen, Natur pur. Endlich keine beleidigenden Schüler, neurotische Eltern und pädagogisierenden Kollegen mehr. Er sieht sich in den Himmel träumen und in den Wolken Fabelwesen entdecken oder beim Wildwasserfahren gegen die Urgewalten kämpfen, in den reißenden Fluten die archaischen Ängste spüren, den Körper auf den Nullpunkt bringen und schließlich im Gras erschöpft, aber glücklich einschlafen. So wird das kleine eingesperrte Ich wieder leicht, kann sich von den Zwängen des Alltags lösen und in Berührung kommen mit der Größe des Universums, mit der ewigen Unendlichkeit. Hämpel atmet tief durch. Seine Augen bekommen einen feuchten Glanz. Er lächelt selig.

Irgendein Geräusch stört seinen Ausflug in die andere Welt. Schluchzt hier jemand? Kein Zweifel. Beatrice weint. Einige Schüler reagieren schneller als Hämpel.

„Äh, was ist denn mit der los?“

„Warum flennt denn die hier rum?“

„Heulsuse.“

„Lass sie doch in Ruhe, du Arschgesicht!“ Beatrice wird von ihrer Tischnachbarin verteidigt. „Du weißt doch gar nicht, was los ist.“

Hämpel ist aufgestanden. „Ihr seid jetzt mal still! Beatrice, geht’s dir nicht gut?“

„Na, das sieht man doch!“ sagt irgendein Junge aus der Klasse.

Beatrice schluchzt.

„Bist du krank?“

Zunehmendes Schluchzen.

„Hast du Schmerzen?“ fragt Hämpel besorgt, „oder Fieber? Lass mich mal deine Stirn fühlen. Nein, Fieber hast du nicht.“

Heftiges Schluchzen. Die kleinen Schultern beben.

Hämpel atmet hörbar aus. „Ich weiß gar nicht, wie ich dir helfen kann. Willst du nach Hause gehen? Soll ich deine Eltern anrufen?“

Beatrice holt mehrmals tief Luft, und dann kommt mit piepsiger Stimme: „Mein Papi ist gestern ausgezogen.“ Heftiges Weinen. In der Klasse herrscht absolute Stille.

Auch Hämpel ist betroffen, knetet hilflos seine Hände, schluckt, sucht nach Worten. „Haben deine Eltern sich getrennt?“

Nicken. Weinen.

„Geht das schon lange so mit deinen Eltern? Ich meine, dass sie sich nicht mehr verstehen?"

„Die haben sich immer gezankt." Nachlassendes Weinen. Nase hochziehen.

Hämpel weicht einen Schritt zurück. Seine Augen ruhen mitfühlend auf Beatrice. „Und wo ist dein Vater jetzt? Ich meine, wirst du ihn denn mal besuchen können?"

Schulter und Nase hochziehen. Das Weinen geht in Schluchzen über.

„Ach Kind", sagt Hämpel noch einmal laut ausatmend, „da hast du's ja wirklich nicht leicht."

Beatrice schnäuzt in drei Finger und wischt sie an der Jeans ab. Hämpel muss wegsehen. In solchen Dingen ist er empfindlich. Er hat vollgekackte Windeln entsorgt, Eiterpickel ausgedrückt und sogar Erbrochenes aufgewischt, aber er konnte seinen Kindern nie die Nase putzen. Vor nichts ekelt Hämpel sich mehr als vor festsitzendem Schnotterschnupfen, selbst vor seinem eigenen. So sagt er etwas ungeduldig: „Hat denn mal jemand ein Taschentuch für Beatrice? Ihr seht doch, dass sie eins braucht." Die Banknachbarin reicht ihr eine ganze Packung. Beatrice nimmt sie und wischt sich mit dem Ärmel die Nase. Hämpel holt tief Luft. Er sucht nach Worten, irgendwie nach einer Lösung. „Hast du denn sonst jemand, mit dem du ein bisschen reden kannst, eine Freundin oder Tante oder so? Reden hilft ja – manchmal."

„Meine Omi, aber die wohnt nicht hier." Nachlassendes Schluchzen.

„Wir helfen dir auch", redet die Banknachbarin auf Beatrice ein.

„Du kannst auch mal bei mir schlafen, am Wochenende. Unsere Katze hat gerade Junge gekriegt", setzt eine zweite Schülerin hinzu.

Ein Junge meldet sich: „Zu mir kann sie auch mal kommen."

„Auch zum Schlafen?" ruft ein zweiter in die Klasse. Gelächter. Beatrice lächelt auch.

Hämpel ist erleichtert. „Geht's wieder? Können wir weitermachen?" Beatrice nickt. Kräftig zieht sie die Nase hoch – schaurig für Hämpels Ohren. „Na schön. Und nimm bitte ein Taschentuch. – So Kinder, jetzt aber zügig, wir müssen heute fertig werden!"

Die Laternen wurden nicht fertig. Hämpel gab die Fertigstellung als Hausaufgabe auf, wohl wissend, dass niemand sich daran halten wird. Die Kinder bringen entweder ältere Modelle mit oder ihre halbfertigen. In der Dunkelheit sieht das sowieso niemand. Der Martinsumzug wird in jedem Fall stattfinden und ein großes Erlebnis werden, wie in jedem Jahr. Und Hämpel ist stolz, dass er einen bedeutsamen Anteil dazu beitragen durfte.

Freistunde – Im Lehrerzimmer

Endlich hat Hämpel seine ersehnte Freistunde. Er kauft in der Cafeteria ein paar belegte Brötchen, nicht mehr ganz frisch, aber noch essbar, und bestellt eine große Tasse Kaffee. Nur für eine Sekunde denkt Hämpel an seine Pflichten in der Lehrerküche, doch dann mahnt das schlechte Gewissen: noch keine Unterrichtsvorbereitung für die 11b! Die Kaltmamsell braucht lange für die eine Tasse! Sie ist erst neu hier, wie der Kaffeeautomat. Beide müssen erst noch ein Team werden. Kaum im Lehrerzimmer angekommen, wird Hämpel von den Kollegen lautstark empfangen: „Ach, Edgar bringt sich seinen Kaffee selber mit. Und wir können hier auf dem Trockenen sitzen!“

„Wozu zahlen wir eigentlich in die Kaffeekasse ein, wenn wir die dünne Suppe von da unten kaufen müssen – und das bei den Wucherpreisen!“

„Na, der Herr Oberstudienrat scheint sich’s ja leisten zu können.“

„Kannst dich bei Frau Degenhart bedanken, sie hat deinen Job übernommen, sonst wären wir hier alle längst verdurstet.“

„Donke, Fro Dögenhort“, mummelt Hämpel mit vollem Mund. Das trockene Schinkenbrötchen stellt sein neues Gebiss auf eine harte Probe. Sein vorhergehendes Modell, es hielt zwanzig Jahre, sah am Ende zwar nicht mehr taufrisch aus, hatte dafür aber scharfe Fleischreißer. Für die neuen Zähne musste er den vierfachen Preis abdrücken und jetzt bestehen die noch nicht einmal den Schinkentest. Er muss unbedingt noch mal zum Zahnarzt. Vielleicht kann an der Schärfe noch etwas gefeilt werden. Kauend und würgend sortiert

Hämpel die Unterlagen für die siebte Stunde. Wenn er glaubt, im Lehrerzimmer in Ruhe arbeiten zu können, dann hat er sich getäuscht. Die Kollegen quatschen und schwatzen durcheinander. Warum mit einem Mal so viele eine Freistunde haben? Aber wenn er mit einer Vertretungsstunde dran ist, dann verkrümeln sich alle. Was die paar Kollegen für einen Lärm machen können! Es geht zu wie im Klassenzimmer. Eigentlich müssten Menschen, die den ganzen Tag reden, doch ein großes Schweigebedürfnis haben. Weit gefehlt: Lehrer sind wie Schüler nach dem Schulschluss, sie werden lebendig und drehen auf. Natürlich gibt es Ausnahmen, so wie Hämpel, der gerade am zweiten Brötchen nagt und mit seinem Unterrichtsstoff einfach nicht weiterkommt. Zum Vor- und Nachdenken braucht er Ruhe. Doch da er immer schon leicht abzulenken war, vergisst er die 11b. Zu gern vergleicht er seine Kollegen mit Tieren, sein kleines Hobby für zwischendurch. Dann nimmt er sein Gegenüber ins Visier, sieht ihm eine Weile zu und lässt der Fantasie freien Lauf. Hämpel ist nämlich nicht nur Pädagoge und Philosoph, er ist auch Psychologe – na ja, Freizeitpsychologe, die richtigen kann er nicht leiden.

Da sitzt also Herr Bolzenburg, der Hamster. Nicht, dass er Hamsterbacken hätte, im Gegenteil, er ist hohlwangig wie ein Magenkranker. Aber sobald sich jemand dem Kopierer nähert, macht auch Bolzenburg sich dort zu schaffen, verwickelt die Kollegen in ein Gespräch, wirft einen flüchtigen Blick auf die Arbeitsblätter, nimmt eins in die Hand, tut unheimlich interessiert – und schnorrt. Er kann, obwohl Lehrer für Mathe und Sport, einfach alles gebrauchen, egal, ob es sich um Bio, Spanisch oder Arbeitslehre handelt. Jede Kopiervorlage wird gebunkert. Hämpel, den es anfangs irritierte, dass dieser Hamster immer um ihn herumschlich, legt ihm jetzt freiwillig eine Kopie ins Fach. Seitdem verstehen sich beide bestens.

Am Bücherregal steht Frau Degenhart, die Schwalbe. Wenn sie spricht, spitzt sie den Mund und flötet. Es klingt, als ob ein Vogel zwitschert. Beim Reden schlenkert sie die Ellenbogen immer ein wenig nach außen. Das sieht aus wie bei einem Jungtier, das flügelschlagend neues Futter fordert. Frau Degenhart ist zart und elegant. Mit ihrer piepsigen Stimme wirkt sie niedlich, kindlich, irgendwie schutzbedürftig. Aber sie kann furchtbar empfindlich sein. Bei der leisesten Kritik fällt sie um und weint sich bei der Schulleitung aus. Das erinnert Hämpel an Fußballspieler, die im Strafraum bei dem kleinsten Rämpler mit einer Schwalbe einen Elfmeter schinden wollen und die sich dann beim Schiedsrichter über den ausgebliebenen Pfiff auch noch beschweren.

Hämpel sieht zu Frau Stutinger, die Gazelle. Schlank, durchtrainiert und wohlproportioniert. Mit geschmeidigen Bewegungen gleitet sie nur so durchs Lehrerzimmer. Hämpel hat sie noch nie sitzend erlebt. Selbst bei den unzähligen unsäglichen Sitzungen nicht. Sie kommt immer zu spät. Geräuschlos, ohne dass es jemand merkt, steht sie irgendwann an irgendeiner Säule, trägt sich in die Anwesenheitsliste ein und macht sich wie eine schwebende Fee wieder davon. Viele sehen sie gerne an, suchen ihre Nähe, denn diese Gazelle strotzt nur so vor erotischer Ausstrahlung.

Herr Bremmner, der Eisbär, bietet dagegen ein jammervolles Bild: immer erkältet, immer unpässlich, immer müde und trocken um die Augen. Von September bis April sieht man ihn nur fröstelnd und mit Schal – trotz der überheizten Räume. Der Eisbär sucht sich oft die Ecken und Winkel eines Raumes. Dort sitzt er dann unbeweglich wie in einer Höhle, meidet aus Angst vor Ansteckung die Nähe anderer, schluckt Pillen, schlürft heiße Getränke und pflegt sein Unwohlsein. Wenn ihn keiner anspricht, schweigt er. Ein klassischer Einzelgänger – wie alle Hypochonder. Am Fenster steht Herr Bannemann und tuschelt mit zwei Kolleginnen. Hämpel nannte ihn von der ersten Begegnung an den Schweinigel, denn er kennt niemanden, der so viele schlüpfrige Zweideutigkeiten drauf hat – und das als Ethiklehrer.

Bei seinen Tiervergleichen legt Hämpel Wert darauf, dass die Geschlechterzuordnung stimmt. Also: Frau Neudecker, die Wanderratte, Herr Otto, der Schluckspecht, Frau Heubnisch, die süße Knuspermaus, Herr Granhuber, der eitle Gockel. Manchmal stimmt der Tiervergleich mit der Geschlechterzuordnung nicht so ganz überein. Dann muss Hämpel auf sächliche Formen zurückgreifen: Frau Liebscher, das scheue Reh, und Herr Schniewind, das Faultier. Manches klingt vielleicht ein bisschen hart – vordergründig betrachtet. Aber Mensch und Tier sind sich nun mal ähnlich. Und deswegen kann Hämpel bei seinen Kolleginnen und Kollegen ohne schlechtes Gewissen munter drauflos vergleichen: die Schleiereule, der Galgenvogel, das Mastschwein, die Schnapsdrossel, der Angsthase, das Mondkalb. Ganz besonders stolz ist Hämpel auf seine fein differenzierten Vergleiche: Frau Rübenhechsler, die Honigbiene, Frau Peters hingegen ist die Schlupfwespe. Herr Preetz, der geile Bock, aber Herr Flügel ist der Neidhammel.

Für jede Kollegin und für jeden Kollegen hat Hämpel einen passenden Tiervergleich parat, nur bei dem Schulleiter hat er Probleme. Der Direktor ist zu oft unterwegs, auf PR-Tour. Man kriegt ihn zu selten zu Gesicht, und Hämpel muss den Menschen sehen und beobachten können, um seine Fantasie zu aktivieren. So fiel ihm bis jetzt nur die Hornisse ein, die überall herumschwirrt, zwar fleißig ackert und sammelt, die aber auch empfindlich zustechen kann. Außerdem trägt er immer eine gelbe Weste, so wie einst Hans-Dietrich Genscher den gelben Pullunder. Aber das Ganze ist natürlich zutiefst unbefriedigend: Herr Backhausen und dann die Hornisse.

Beim Konrektor tut Hämpel sich noch schwerer. Der Mann ist einerseits aalglatt und dann wieder ein polternder Elefant, ein schlauer Fuchs und ein blindes Huhn, ein unruhiges Wiesel und zugleich ein störrisches Maultier. Viele Vergleiche heben sich gegenseitig auf. Außerdem kennt er niemanden, der seinen Mitmenschen immer dasselbe Gesicht zeigt, ganz gleich in welcher Gemütsverfassung er sich befindet. Solange Hämpel für den Konrektor nichts Passendes findet, muss er bei der neutralsten aller Varianten bleiben: das Neutrum!

Herr Böger kommt schnaubend ins Lehrerzimmer und unterbricht Hämpels Fantasiereisen. Er nennt ihn Waschbär, weil Böger korrekt auf sein Äußeres achtet und sein Jackett ständig von Schuppen säubert. Böger also läuft auf und ab und beklagt den Schaden an seinem Auto: „Irgendwer hat mein Auto gerammt. Hinten, die Rückleuchten sind total hin. Und der Kerl ist einfach abgehauen. Das ist doch eine Unverschämtheit. Außerdem ist das Fahrerflucht, nicht wahr?“ Erstaunen, Empörung, Kopfschütteln, Mitleid, große Aufregung im Lehrerzimmer.

„Na heute ist ja was los!“ sagt der Schweineigel, „erst wird Frau Kiesewalter abgeschleppt, ich meine ihr Auto“, er lacht zweideutig,

„und jetzt bumst auch noch jemand von hinten dein Auto. Die Leute werden immer perverser."

Niemand reagiert auf diese Zweideutigkeiten. Stattdessen fragt ein anderer: „Wo haben Sie Ihr Auto denn abgestellt?"

„Na hier in der Straße, gleich vor der Schule. Der Wagen wurde vorschriftsmäßig eingeparkt. Das mache ich doch immer, nicht wahr?"

„Und da war noch alles in Ordnung?"

„Aber selbstverständlich. Ich steige nie in meinen Wagen, bevor ich mich nicht vergewissert habe, dass alles in einem einwandfreien Zustand ist. Meine Frau wird bestätigen, dass ich Brems- und Blinklicht geprüft habe, wie jeden Morgen, nicht wahr. Da war alles einwandfrei in Ordnung."

„Wir glauben Ihnen ja, Herr Böger. Haben Sie eine Ahnung, wann das passiert sein könnte?"

Böger schüttelt verzweifelt den Kopf. „Wenn ich das nur wüsste. Aber Sie haben völlig Recht. Man müsste jede Pause mal nach dem Wagen sehen. Es passiert ja so viel, nicht wahr. Dann könnte man die Tatzeit konkreter eingrenzen."

Hämpel hört dem Gespräch mit gemischten Gefühlen zu. Irgendwie muss er sich beteiligen. Man macht sich verdächtig, wenn man nur so dasitzt und schweigt. Doch Frau Degenhart kommt ihm zuvor: „Irgendjemand muss doch was gesehen oder gehört haben. Wenn Rückleuchten kaputt gehen, dann knallt das doch bestimmt ganz laut – oder? Und viele Klassenräume liegen zur Straßenseite hin. Bestimmt hat jemand was gehört."

„Aber früh morgens, vor dem Unterricht", rutscht es Hämpel heraus.

„Wieso früh morgens?" fragt Böger verwundert.

„Äh – ich wollte sagen, wenn es früh morgens passiert ist, passiert sein sollte, dann war womöglich noch niemand in den Klassenräumen."

Böger sieht ihn durchdringend an. Oder bildet sich Hämpel das nur ein? In Gedanken gibt er sich eine Ohrfeige. Warum muss gerade jetzt so eine peinliche Stille herrschen? Zum Glück nimmt jemand den Gesprächsfaden wieder auf: „Aber es gibt doch immer Schüler, die sich schon früh in den Räumen herumdrücken, besonders, wenn die Frühaufsicht mal wieder gepennt hat, man müsste sie befragen."

„Schüler!" wirft Hämpel ein, froh, dass ihm genau das richtige Stichwort zugespielt wurde, „und wenn es nun Schüler waren? Ein Racheakt!"

Böger winkt ab: „Ausgeschlossen, Herr Hempel, ausgeschlossen! Ich pflege ein gutes Verhältnis zu meinen Schülern zu haben. Dabei hat man mir die schwierigsten Klassen zugeschoben. Das wird jeder hier bestätigen, nicht wahr. Derartiges ist bei mir noch nie vorgekommen, Herr Hempel, noch nie!"

„Ist ja gut, Herr Böger", versuchen einige Kollegen ihn zu beruhigen, „Herr Hempel sucht doch wie wir auch nur nach Erklärungen, und so ganz abwegig war der Gedanke nun auch wieder nicht. Denken Sie nur, was letzte Woche Frau Neudecker passiert ..."

„Bei mir passiert so etwas nicht! So kommen wir nicht weiter", unterbricht Böger ärgerlich.

„Sprechen Sie doch mal mit dem Hausmeister", näselt Herr Bremmner von seinem Platz aus, „sein Büro liegt direkt zur Straßenseite. Der sieht doch sonst alles."

„Richtig", bestätigen einige Kollegen, „der hört doch sonst auch die Flöhe husten."

Hämpel läuft es heiß und kalt den Rücken runter. Ich kapiere das mit den blöden Rückleuchten nicht. Das kann unmöglich ich gewesen sein. Ich habe Bögers Auto doch von vorn gerammt, ach was, ein bisschen angestoßen. Aber geknallt hat es mächtig, das stimmt. Hat dieser Trottel etwa nicht die Handbremse angezogen? Dieser Pedant denkt doch sonst an alles. Irgendwer ruft: „Auf jeden Fall würde ich Anzeige erstatten."

„Dem würde ich die Reifen zerstechen."

„Wieso dem, vielleicht war es auch eine die. Frauen haben öfter mal Probleme beim Einparken", wirft Hämpel spontan ein, froh, dass das Gespräch wieder in anderen Bahnen läuft. Dafür erntet er von Seiten der Kolleginnen heftigen Widerspruch. Begriffe wie Vorurteile, Klischees und Frauenfeindlichkeit fallen. Hämpel steht über dem Geprassel. Eddi, lege dich bloß nicht mit diesen gackernden Blesshühnern an. So ein aufgescheuchter Haufen. Du hast Wichtigeres zu tun. Schlagartig fällt ihm die 11b wieder ein. Da klingelt es auch schon zur Pause. Hastig kramt er in der Aktentasche nach der Kopiervorlage. Ihm bleiben nur fünf Minuten. Doch am Kopierer drängeln sich bereits zwei Kollegen, und der Hamster ist auch schon in der Nähe. Hämpel geht. Ihm wird schon was einfallen. Er hat ja noch zwei Minuten Weg bis zum Klassenraum ...

Siebte Stunde: Religion in der 11b

Auf dem Flur kommen ihm ein paar Schüler aus der 8c entgegen. Sie grüßen betont freundlich, obwohl sie heute Morgen bereits Unterricht bei ihm hatten, und feixen und kichern. Kaum sind sie ein paar Meter an ihm vorbei, da hört er sie im Chor: „Herr Hümpel, was macht das Gerümpel? Unterm Bett ist noch Dreck, und keiner fegt ihn weg." Hämpel sieht sich um, will was sagen, doch da flitzen die Schüler schon um die Ecke. Eddi, du warst früher auch schon mal schneller. Na, die Burschen knöpfe ich mir am Mittwoch vor, mündliche Leistungskontrolle oder so was. Dabei weiß er, dass er in zwei Tagen diesen kleinen Scherz längst wieder vergessen haben wird. Hämpel schätzt an sich selbst, dass er nicht nachtragend ist. Wäre er das, dann hätte er all die Jahre niemals durchgehalten.

In der 11b angekommen, begnügt Hämpel sich mit ein paar Einleitungssätzen, dann versucht er, den Unterricht der letzten Stunde wiederholen zu lassen. Doch im Nebenzimmer geht es drunter und drüber. Bei diesem Höllenlärm kann kein Lehrer der Welt unterrichten. Er könnte rüber gehen, nachsehen, was los ist. Doch er weiß, dass er sich damit ein Eigentor schießt. Ist im Nebenzimmer kein Lehrer, müsste er den wildgewordenen Haufen erst einmal zur Ruhe bringen, Schüler ins Sekretariat schicken, auf Antwort warten und die Klasse während dessen in Schach halten. In der Zwischenzeit bliebe seine eigene Klasse ohne Aufsicht. Die 11b ist in der Regel recht zahm, aber ein paar Schüler würden trotzdem sofort die Sau rauslassen. Und dann müsste er mit zwei Klassen kämpfen. Wäre aber ein Lehrer nebenan und Hämpel sähe nur mal so rein, dann fühlt sich dieser kontrolliert oder bloßgestellt, weil es ja so scheint, dass sich hier jemand nicht durchsetzen kann. Wie auch immer.

Hämpel würde sich Unannehmlichkeiten bescheren oder unbeliebt machen. Also versucht er so durch den Unterricht zu kommen.

Doch da geht die Tür auf, und irgendjemand ruft vom Flur aus laut in die Klasse: „Entschuldigung!“

Alle starren zur Tür, was wohl nun passieren wird. Ein Schüler kommt mit langsamen Tippelschritten herein. Max, mit Basecap, weitem Pullover und zerschlissenen Jeans. In der einen Hand hält er einen Plastikbecher mit Kaffee, in der anderen einen kleinen Pappteller mit drei belegten Brötchen. Vorsichtig bewegt er sich auf seinen Platz zu. Die Tür bleibt offen. Hämpel sieht demonstrativ zur Tür, zu Max und in die Klasse. Nichts passiert. Einige Schüler in der ersten Reihe blicken genauso demonstrativ zurück. Hämpel steht auf, sieht nach dem Schüler auf dem Flur, der gemächlich weiter schlendert, und ruft ihm nach: „Vielen Dank, nur weiter so!“

Beim Schließen der Tür hört er noch, wie der Schüler mit „danke gleichfalls“ antwortet. Doch jetzt will Hämpel sich den zu spät kommenden Max vorknöpfen. „Wo kommen Sie denn jetzt her?“

„Aus der Cafeteria.“

„Das sieht man. Das Zeug wird jetzt aber nicht gegessen. Ich fragte Sie, warum Sie zu spät kommen?“

„Das haben Sie nicht, sondern wo ich herkomme. Und da habe ich gesagt aus der Cafeteria.“

„Trotzdem haben Sie pünktlich zum Unterricht zu erscheinen.“

„Was kann ich denn dafür, wenn die Tussi da unten ihre Kaffeemaschine nicht in Gang kriegt.“

Hämpel: „Erstens sprechen wir hier nicht von der Tussi, und zweitens sind mir Ihre Begründungen ziemlich egal.“

„Warum fragen Sie dann?“ antwortet Max abfällig.

Hämpel: „Mit dem Klingelzeichen beginnt auch für Sie der Unterricht.“

„O man, ist ja gut! Ich hatte den Kaffee bereits bezahlt. Außerdem finde ich, dass Sie ganz schön übertreiben. Ich komme zum ersten Mal zu spät, und Sie machen hier ein Riesenfass auf.“

„Als Lehrer habe ich nicht nur das Recht, sondern sogar die Pflicht, auf Pünktlichkeit zu achten. Nebenbei bemerkt: auch auf Höflichkeit. Und wenn Sie zu spät kommen, dann ist es wohl nicht zu viel verlangt, wenn Sie ein Wort der Entschuldigung sagen.“

„Aber hallo, wer hat denn hier zuerst mit dem Scheiß angefangen? Was wurde denn gesagt, als ich reinkam? Wie wär's denn mal mit einem kleinen Gedächtnistraining?“

Hämpel zerrt an seinem Hemdskragen. „Die Entschuldigung kam nicht von Ihnen, sondern von irgendeinem Mitschüler.“

Max schüttelt mit dem Kopf, verdreht die Augen und atmet geräuschvoll aus. „Na und, Entschuldigung ist Entschuldigung, ist doch egal von wem. Nun machen Sie mal nicht so einen Stress wegen der paar Minuten. Es ist die siebte Stunde, und ich habe seit heute Morgen nichts gegessen. Dabei schmeckt das Zeug noch nicht mal, und dann diese lauwarme Brühe.“ Gelächter.

Die Tischnachbarin probiert. „Mir schmeckt's, kannst du öfter mitbringen.“ Weitere Tischnachbarn von rechts und links machen es ihr nach. In der Klasse wird es laut, aber noch nicht so laut wie nebenan.

Hämpel sieht starr vor sich hin. Wie ein einzelner Schüler eine ganze Klasse aufmischen kann. Am liebsten würde er dem Max seinen Kaffee über den Kopf gießen oder ihm mit den Brötchen den Mund stopfen, dass dem die Luft wegbleibt. Hämpels Horrorfantasien können grausame Formen annehmen. Aber er hat in den 37 Jahren oft genug die Worte von Sokrates über die respektlose und tyrannisierende Jugend zitiert und dabei gelernt, sich zu beherrschen. Außerdem fehlt ihm die Energie, jetzt noch weiterzumachen. Der Lärm nebenan lässt merklich nach. Offensichtlich hat ein Kollege sich besonnen, doch noch ein bisschen zu unterrichten.

Plötzlich ist vom Flur zu hören: „Bei Hämpels auf der Liege, da steht ne Kinderwiege. Doch sie bleibt immer leer, denn Lehrer Hempel kann nicht mehr.“ Gelächter auf dem Flur, Gelächter nebenan, Gelächter in der Klasse.

Hämpel macht gute Mine zum bösen Spiel. Er bittet einen Schüler, mal nach draußen zu sehen. Der springt auf und brüllt über den Flur: „Verpisst euch, ihr Säue!“ Wieder lautes Gelächter, auch nebenan.

Hämpel, reichlich genervt: „So hatte ich das nun nicht gerade gemeint.“

Die Tür geht auf. Frau Degenhart, die Schwalbe, lugt herein. Sie spitzt den Mund und flötet: „Wer soll denn bei diesem Lärm unterrichten?“

Hämpel gibt sich gelassen: „Bei mir in der Klasse ist es doch ruhig.“

Die Schwalbe: „Und das Gegröle auf dem Flur?“

Hämpel: „Das waren ein paar Schüler der 8c, Granhubers Klasse. Vielleicht sprechen Sie mal mit ihm.“

„Nein!“ kommt energisch von der Schwalbe, „der ist mir letzte Woche so frech gekommen. Ich werde mich gleich an die Schulleitung wenden.“ Sprach’s und knallt die Tür zu.

Hämpel steht auf, strafft sich und spricht mit kräftiger Stimme: „So Leute, bitte Ruhe, wir haben genug Zeit verloren. Zum Thema. Ich sage Ihnen jetzt die Aufgabenstellung für eine schriftliche Übung an. Nehmen Sie bitte was zum Schreiben hervor.“ Es wird gemault, gestöhnt, protestiert und lamentiert. Hefter knallen auf den Tisch. Es wird nach rechts und links, nach vorne und hinten um Papier und Stifte gebettelt. Das dauert lange, doch Hämpel lässt den Schülern Zeit und damit auch sich selbst. Vor ein paar Jahren hätte er die Schüler noch gefragt, wie sie denn durch den Unterrichtstag kommen wollen, wenn sie nichts dabei haben. Oder er hätte mit den Klassenlehrern gesprochen, sich bei der Schulkonferenz eingebracht, mit dem Ziel: Da muss man doch was machen! Doch das brachte ihm nur Ärger ein. Heute weiß er die kleinen Pausen zu schätzen. Nach ein paar Minuten beginnt er: „Inwiefern ist die Aussage Dietrich Bonhoeffers – etsi deus non daretur – angesichts der zunehmenden Umweltprobleme für die Kirche von heute eine echte Herausforderung?“

Natürlich kann Hämpel nicht in einem Zug diktieren. Ein Krankenwagen mit Blaulicht und Martinshorn rast vorbei. Er kennt das. Mal ist es die Müllabfuhr mal das Gartenbauamt. Wie oft bringen die morgens punkt acht Uhr ihre Rasenmäher zum Einsatz. Aber damit ist wenigstens in den Wintermonaten erst mal Ruhe. Trotzdem, es gibt unzählige Störungen, die den Unterricht immer wieder unterbrechen: einsetzender Schneefall zum Beispiel, was ja immer seltener vorkommt, oder ein vorbeifahrendes Auto mit laut dröhnenden Bässen, zu früh aus dem Unterricht entlassene Schüler, die lärmend über den Flur poltern, die Bohrmaschine des Hausmeisters und natürlich die Handys. Vor zwei Wochen, Ende Oktober, kämpfte eine Wespe tapfer gegen den Winterschlaf und schwirrte durch den Klassenraum. Die Stunde war gelaufen. Mal zehren diese Störungen an den Nerven, mal kann sie Hämpel gelassen hinnehmen.

So auch jetzt die Zwischenrufe einiger Schüler: „Nicht so schnell“ – „langsamer“ – „Moment“ – „noch mal von vorn“ – „Eddi dance, äh was?“

„Etsi deus, du Spass“, rufen andere rein. Beim sechsten Versuch hat auch der letzte, der kauende Max, die Aufgabenstellung aufgeschrieben. Die Hälfte der Klasse fragt: „Was heißt etsi deus non daretur?“

Hämpel verdreht die Augen, und sofort setzt der gefürchtete Schwindel ein. Seit sieben Wochen sprechen sie über dieses Thema, und was ist hängen geblieben? Nichts! Ein guter Pädagoge würde die Schüler jetzt motivieren, selbst auf die Antwort zu kommen. Doch dafür fehlt Hämpel nach diesem Tag die innere Spannkraft oder die Lust. So setzt er ihnen die Antwort einfach vor: „Zuerst zur Übersetzung: So, als ob es Gott nicht gäbe. Was nicht bedeutet, dass Bonhoeffer damit die Existenz Gottes in Frage stellt. Aber dieser theologische Ansatz soll das Handeln der Christen bestimmen. Doch nun bezogen auf die Umweltproblematik – inwiefern? Machen Sie sich dazu ein paar Gedanken. Sie können auch Ihre Unterlagen verwenden. Hauptsache, Sie bringen ein paar brauchbare Sätze zu Papier. Zwanzig Minuten. Jeder für sich.“

Hämpel gähnt, er ist müde. Der Kopf ist leer. Den Schülern geht es ähnlich. Einige gucken verträumt ins Novembergrau, andere auf die Tischplatte, wieder andere malen Strichmännchen, und einige wenige scheinen tatsächlich zu arbeiten und tuscheln miteinander. Hämpel lässt sie. Die Schüler sind ruhig. Das ist für ihn im Augenblick das wichtigste. Am besten, sie brauchen die ganze Stunde. Für die Auswertung fehlt es einfach an Kraft.

Bleierne Müdigkeit überfällt ihn. Er muss aufstehen und ans Fenster gehen. Gedankenverloren sieht er auf die Straße. Die Bäume haben endgültig alle Blätter verloren. Ohne ihr grünes Kleid kann man genau sehen, wie sie gewachsen sind. Manche sind von gleichmäßiger, geradezu ästhetischer Schönheit. Doch bei anderen

Bäumen sind jetzt auch das Alte, Kranke und die Verletzungen der Jahre zu sehen. Wie im normalen Leben, wenn der Lack erst einmal ab ist, denkt Hämpel.

Er schaut auf die Uhr. Wo sie nur bleibt, die alte Frau mit dem durchgedrehten Hund. Jahrelang kam sie pünktlich um viertel nach zwei aus der gegenüberliegenden Mietskaserne. Immer dasselbe Schauspiel: Der räudige Köter kläffte wie wild, sprang unaufhörlich an ihr hoch und schnappte nach der Leine. Und sie schrie unaufhörlich auf ihn ein, zottelte an der durcheinander geratenen Leine und versuchte, ihn zu bändigen – ohne Erfolg. Nach etwa einer halben Stunde kamen beide restlos erschöpft zurück. Tagein, tagaus dasselbe Spektakel. Man wusste nie, wer hier wen an der Leine hatte. Anfangs amüsierte sich Hämpel über die Raubtierbändigerin, doch dann tat sie ihm Leid. Er schämte sich sogar ein bisschen für seine frühere Schadenfreude. Eigentlich geht es ihm nicht viel besser als ihr. Manchmal weiß man wirklich nicht mehr, wer im Klassenzimmer wen an der Leine führt. Er schaut noch einmal zur Uhr. Es sind jetzt zehn Minuten über der Zeit. Vielleicht ist sie krank? Ob die alte Dame überhaupt Angehörige hat, die nach ihr sehen? Man müsste mal rübergehen und den Nachbarn Bescheid sagen.

Sein Magen grummelt, richtiger sein Darm – Blähungen, ein schlimmer Feind des Lehrers. Wahrscheinlich hat er in der Freistunde zu hastig gegessen. Oder irgendetwas stimmt mit der Verdauung nicht. Am besten geht er heute noch bei seinem Hausarzt vorbei. Er lässt die Klasse allein und geht mit angespannten Gesäßmuskeln zur Toilette. Er kennt Kollegen, die drücken schon auf dem Flur ab. Aber Hämpel weiß, was sich gehört. Auf der Toilette wird schon wieder geraucht, oder immer noch? Seinem Darm geht es besser, aber dafür macht der unbekannte Raucher seiner Halsschlagader zu schaffen. „Hör mal zu, du kleines Stinktier, ich hatte dir doch gesagt, du sollst dich hier vom Acker machen. Hier wird nicht geraucht! Auf dem gesamten Schulgelände herrscht Rauchverbot! Du kommst jetzt sofort raus, sonst steige ich dir aufs Dach!“

„Was sind denn das für Töne, Herr Hempel. Ich muss doch sehr bitten. Außerdem – warum sind sie nicht im Unterricht?“ Der Konrektor – kein Zweifel, das ist seine Stimme.

Hämpel ist peinlich berührt: „Oh – Verzeihung. Die Schüler sind mit einer Stillarbeit beschäftigt, und ich musste nur mal kurz. Ich wusste gar nicht, dass Sie hier heimlich rauchen. Ich meine, bei dem Rauchverbot ...“

„Was meinen Sie wohl, warum ich hier sitze und ausnahmsweise eine rauche? Nun lassen Sie mich doch endlich in Ruhe. Sie stören meine Konzentration!“ Hämpel geht, mit der Genugtuung, das Neutrum mal ertappt zu haben, und ein bisschen verärgert über seinen verbalen Fehlgriff. Wie konnte er nur denken, dass sich der Kiffer von der vierten Stunde immer noch auf der Toilette herumtreibt. Eddi, das sind die Nerven. Vielleicht kann dir der Arzt was verschreiben, zur Beruhigung oder zur Stärkung, so ein kleiner Stimmungsaufheller. Aber wie ich den kenne, will der mich gleich zum Psychiater überweisen. Und der empfiehlt eine Therapie von 75 Sitzungen, an denen der sich dumm und dämlich verdient. Aber nicht mit mir, nicht mit meinem Geld.

Als Hämpel den Klassenraum betritt, schaut er auf die Uhr: nur noch zehn Minuten. Die bringt er locker über die Runden. „So Leute, ich sehe, Sie sind fertig. Das ist löblich. Wer will beginnen? Emanuel, sehr erfreulich. Bitteschön.“

Emanuel, mit hoher Denkerstirn und Nickelbrille, räuspert sich laut und rückt seinen Stuhl noch einmal gerade. Er räuspert sich ein zweites Mal. Seine Mitschüler werden ungeduldig: „Nun fang schon an. Du bist hier nicht auf einem Kongress!“

Ein drittes Räuspern. Keine Frage, er nimmt sich sehr wichtig. „Einerseits denkt und handelt der Mensch aus freiem Willen. Andererseits prägt der Glaube des Menschen Sinn und Ziel. Einerseits gehört das transzendente Prinzip Gott zur Gedankenwelt der Menschen. Andererseits besteht die Reife des Menschen in seiner individuellen, autarken Persönlichkeit. Diese Antinomie der Aussagen stellt ein Paradoxon dar, das empirisch nicht aufzulösen ist.“ Emanuel räuspert sich, guckt denkend in die Runde und wartet auf den Beifall der Klasse.

„Komplizierter geht's wohl nicht!“

„Das ist doch alles bloß intellektueller Schrott.“

„Dieses hirnrissige Einerseits-Andererseits-Geschwafel!“

„Willst du mal Pfarrer werden oder was?“

Gelächter, Zwischenrufe, bissige Bemerkungen. Das verkannte Genie räuspert sich.

Hämpel versucht zu vermitteln: „Ruhe bitte. So verkehrt war das gar nicht. Es fehlte nur der Bezug zur Umweltproblematik, ansonsten wirklich gut. Wer möchte? Sandra, Bitteschön.“

„Ich wollte nur sagen, René und ich haben das gemeinsam gemacht. Wir haben was gedichtet.“

„Gedichtet?“ fragt Hämpel misstrauisch und denkt an den Knabenchor von vorhin, „wieso denn gedichtet?“

„Warum denn nicht?“

„Äh, ja, warum denn nicht. Na, meinetwegen.“

Sandra und René kommen nach vorn:

„Etsi deus non daretur,
der Satz ist schwierig, aber nur,
weil die Frommen betend knien
und im Sommer in den Süden ziehn.
Dann im Stau in Autos sitzen,
in der Sonne stinkend schwitzen,
in der Kirche dann laut flehn:
Lass die Welt noch nicht zum Teufel gehn.
Erst will ich kaufen, saufen, prassen,
jedes Schnäppchen mit abfassen,
und dem Penner sag ich dann:
Deine Armut kotzt mich an!
Schluss damit, denn das ist kläglich,
bleibt im Lande und wehret euch täglich,
schüttelt Freunde, Nachbarn wach,
haut auf die Kacke und macht Krach:
Wie könnt ihr nur mit Öl und Wasser aasen,
Gifte in die Umwelt blasen,
ihr könnt nur Autofahren und Reisen,
Abfall in die Meere scheißen.
Doch wollt ihr unsre Welt bewahren,
müsst ihr schon mal Fahrrad fahren.
Drum sagen wir es klar und barsch:
Ohne Umkehr ist die Erde bald im Arsch!“

Gelächter, Pfiffe, Gejohle, Beifall. Auch Hämpel schmunzelt: „Ruhe, bitte. Bitte Ruhe. Sonst besucht uns Frau Degenhart gleich wieder. Nicht schlecht – mal abgesehen von der derben Wortwahl. Aber originell, wirklich gut. So, einen Beitrag schaffen wir noch. Anne, bitte."

„Ich heiße Anna, Sie sagen immer Anne zu mir."

„Entschuldigung, es ist die siebte Stunde."

„Sie sagen auch in der zweiten Stunde Anne zu mir. Ich heiße Anna. Schlicht und einfach Anna."

Hämpel schließt genervt die Augen: „Ich hab's verstanden, Anna. Nun legen Sie mal los, es klingelt gleich."

„Die Umweltverschmutzung nimmt zu. Heute leugnet niemand mehr die zunehmende Erderwärmung. In spätestens zehn Jahren wird genau dieses Thema für die Menschheit zum vorherrschenden Problem. Hitzewellen, Dürre, Wassermangel, Waldbrände und Überschwemmungen werden an der Tagesordnung sein. Das hat der Mensch alles selbst verursacht und verschuldet. Wenn wir den Untergang unseres blauen Planeten noch verhindern wollen, dann dürfen wir nicht auf Wunder hoffen, sondern müssen endlich selbst unsere maßlosen Ansprüche runterfahren und unseren verschwenderischen Lebensstil ändern, sonst erleben wir ein blaues Wunder."

Nachdenkliche Stille. Verhaltener Applaus. Hämpel ist beeindruckt. „Sehr schön. Ich wusste gar nicht, dass wir einen Philosophen, Emanuel, zwei Dichter, Sandra und René, und eine Prophetin, Anne, äh Anna, ach doch, Anne ..." Lautes Gelächter unterbricht ihn.

Das Klingelzeichen, die Schüler stürmen hinaus. Hämpel kommt mit dem Ansagen der Hausaufgaben und mit seiner Stimme nicht mehr durch. Die Stühle müssen auch noch raufgestellt werden. Aber das macht er sowieso lieber selbst. Die Schüler knallen ihm die Stühle zu laut auf die Tische. Früh zur ersten Stunde geht es noch lauter zu. Einige Schüler lassen die Stühle einfach fallen. Das geht so aufs Gehör, dass Hämpel extra zehn Minuten eher kommt, um diese Arbeit in aller Stille und Behutsamkeit zu verrichten. Außerdem hat ein bisschen Ausgleichssport noch keinem geschadet. Während die letzten Schüler gehen, pfeift Hämpel leise vor sich hin.

Dieser Schultag wäre überstanden. Die zweite Halbzeit des Tages wird mit Sicherheit angenehmer.

Pfeifend geht Hämpel die Treppe hinunter. Am Ausgang des Gebäudes kommt ihm der Konrektor entgegen: „Ach, Herr Hempel, gut, dass ich sie sehe. Ich muss Sie unbedingt sprechen. Und warum? Frau Siebenholz war heute bei mir. Haben Sie irgendwie Probleme mit ihr?“

„Nein, warum?“

„Nun, sie möchte gern, dass ihr Sohn die Klasse wechselt. Sie machte so Andeutungen, dass Sie mit dem Jungen nicht so ganz zurechtkommen. Ich habe natürlich noch nicht zugesagt, wollte erst mal mit Ihnen reden.“

„Wann war denn Frau Siebenholz bei Ihnen?“ fragt Hämpel prüfend.

„Ja, irgendwann um die Mittagszeit.“

„Geht es nicht ein klein bisschen genauer? Sie müssen nämlich wissen ...“

„Aber, Herr Hempel!“ Der Konrektor wackelt ungeduldig hin und her. „Sie sind doch sonst nicht so pingelig. Wenn ich nur an Ihre Aufsicht denke oder an den Vertretungsunterricht. Und jetzt wollen Sie auf die Minute genau von mir wissen, wann Frau Siebenholz bei mir war. Übrigens eine attraktive Frau. Ich habe sie zum Elternsprechtag eingeladen. Und warum? Solche Sachen müssen zeitnah und unbürokratisch geregelt werden, vor allem persönlich, Sie wissen ja, Lehrer-Eltern-Kontakt. Ich denke, einen Schüler mehr oder weniger in der Klasse ... Also ausgesprochen attraktiv, finden Sie nicht auch?“

Hämpel hört mit aufgerissenen Augen zu. Seine Stimme klingt tonlos. „Das ist Geschmackssache.“ Doch plötzlich explodiert er: „Von mir aus können Sie diesen faulen, frechen, unverschämten Bengel Ben Siebenholz in die Parallelklasse stecken, am besten gleich in eine andere Schule. Dann bliebe mir der Anblick von Mutter und Muttersöhnchen erspart. Und noch etwas, Ihren Vertretungsplan können Sie gleich noch einmal überarbeiten. Ich gehe jetzt zum Arzt und lasse mich krankschreiben. Haben Sie mich verstanden? Krankschreiben!“ Bebend vor Wut stürmt er los und donnert die Schultür hinter sich zu.

Nach dem Unterricht

Die kühle Novemberluft tut gut. Sie ist bei dem Schmuddelwetter zwar reichlich mit Smog versetzt, aber immer noch besser als der Mief in der Schule. Hämpel atmet mehrmals tief durch. Eddi, jetzt kannst du dir selbst die gelbe Karte zeigen. Im Eishockey hätten die Schieris dir eine Zwei-Minuten-Zeitstrafe verpasst, wenn nicht sogar zehn. Wie kannst du dich nur so vergessen, du Esel. Daran ist nur diese Giftnatter schuld. Aber ausgesprochen attraktiv, finden Sie nicht auch? Ich wusste gar nicht, dass dieses Neutrum so ein Lustmolch sein kann. Ich habe sie zum Elternsprechtag eingeladen. Warum nicht gleich zum Abendbrot, du geiler Bock. Ach nein, das ist ja der Preetz. Unser Neutrum mutiert zum röhrenden Hirsch. Quatsch, Lustmolch war schon gut getroffen, so glitschig wie der ist. Und immer diese blöde Fragerei: und warum? Der wird schön spucken, wenn ich ihm heute Abend maile: krankgeschrieben. Und zum Elternsprechtag wird mir auch noch was einfallen. Dem werd ich's zeigen – und diesem Ungeheuer von Schlange auch.

Die Blase drückt, und Hämpel hat noch eine lange Autofahrt vor sich. So geht er noch mal zurück aufs WC. Um nicht am Sekretariat vorbei zu müssen und womöglich dem Konrektor direkt in die Arme zu laufen, geht er lieber einen Umweg und nimmt den Aufgang zwei. Er kommt an Türen vorbei, hinter denen das heillose Chaos tobt. Hämpel grinst schadenfroh. Den heutigen Tag hat er gemeistert, wenn auch mit ein paar Blessuren, aber immerhin. Und die restlichen 951 Tage wird er auch noch schaffen. Aus einer Tür, halb geöffnet, dringen Stimmen. Hämpel bleibt stehen und lauscht.

„Zweimal die Woche wird hier sauber gemacht, öfter nicht, und das von zwei, drei Putzies. Ich sage Ihnen, ganze Putzkolonnen müssten hier anrücken, und zwar jeden Tag, bei dem Dreck, den die Schüler hier reinschleppen." Das ist Herr Bremmner, der Eisbär, den erkennt Hämpel sofort an seiner näselnden Stimme. Aber mit wem redet der? Hämpel spitzt die Ohren, als er eine weibliche Stimme antworten hört.

„Stimmt schon, aber dafür müssen die Schüler auch selbst sauber machen, Verursacherprinzip sozusagen."

Der Eisbär: „Das können Sie doch voll vergessen. Die bewegen den Besen mal hier, mal dort und stauben einen restlos ein. So ein Schwachsinn, die Räume trocken fegen zu lassen."

Die Unbekannte: „Viel Staub um nichts, sozusagen."

Hämpel schleicht dichter an die Tür. Wem gehört bloß diese Stimme?

Der Eisbär: „Feinstaub sag ich Ihnen, das ist es! Was wir hier täglich einatmen, ach was, inhalieren, ist unverantwortlich. Das ist geradezu gesundheitsschädigend."

Die Unbekannte: „Krankmachend sozusagen."

Der Eisbär: „Richtig! Richtig krankmachend. Das schlimmste ist, die mangelhafte Raumreinigung ist doch nur die Spitze des Eisberges. Wissen Sie, was wir allein an Feinpartikeln von Kreidestaub einatmen, wenn wir an der Tafel stehen? Wollen wir schließlich aus dem Klassenzimmer – die Türklinke wagt man nicht anzufassen. Geht man über den Flur oder über den Schulhof – Dreck, überall Dreck. Selbst im Lehrerzimmer. Wird bei uns überhaupt gereinigt? Und wie sieht es erst in der Küche aus! Ich fass dort nichts mehr an, sag ich Ihnen. Meine Tasse und mein Besteck bringe ich schon lange von zu Hause mit. Ich halte es einfach nicht mehr aus. Überall werden wir eingemüllt, überall krankmachende Keime, Bazillen, Pilze, Viren, Sporen. Sie fallen regelrecht über uns her, nagen an unserer Gesundheit." Er hustet, niest und schnäuzt sich die Nase

Die Unbekannte: „Eine chronisch progrediente Pathologisierung sozusagen."

Der Eisbär macht eine Pause, scheint einen Augenblick zu überlegen. Dann pflichtet er bei: „Sie haben völlig Recht. Wir werden hier systematisch unserer Gesundheit beraubt. Der akute Krankheitsausbruch ist quasi protrahiert, verzögert, nur noch eine Frage der Zeit. Wir müssen was unternehmen, bevor uns hier endgültig der Garaus gemacht wird."

Die Unbekannte: „Bevor wir eines Tages auf Krücken angeschlichen kommen, auf allen Vieren sozusagen."

Der Eisbär: „Wir müssen die Sache geschickt anpacken, intelligent vorgehen ..."

„Behutsam sozusagen", wirft die Unbekannte ein.

Der Eisbär: „Ganz recht. Sonst ist unser Anliegen gleich bei der ersten Aktion verpufft. Ich schlage vor, wir beginnen erst mal mit einer Unterschriftensammlung ..."

Sieh an, sieh an, denkt Hämpel schmunzelnd, der Eisbär scheint eine Eisbärin gefunden zu haben. Doch der Stimme nach würde eher Eselin zu ihr passen, findet er, denn sie hat so was Wieherndes in ihrer Diktion. Beim Lauschen hat Hämpel völlig vergessen, dass er ja aufs WC wollte. Doch jetzt drängt die Blase. So huscht er schnell an der halbgeöffneten Tür vorbei, ohne einen Blick in den Raum zu werfen. Bloß keinen Blickkontakt. Bloß jetzt nicht in dieses geistlose Gespräch verwickelt werden. Andererseits hätte er gern gewusst, wer diese unbekannte Kollegin ist. Aus wessen Munde diese Sozusagen-Sätze kommen. Aber im Augenblick sind ihm Blase und Arzttermin wichtiger.

Als Hämpel wieder aus dem WC kommt, steht der Eisbär vor ihm. Prompt wird er von ihm angesprochen: „Herr Hempel, gut, dass ich Sie sehe. Sie sind doch schon lange an unserer Schule. Fällt Ihnen auch auf, dass es mit der Gebäudereinigung konstant bergab geht? Die Putzies lassen sich hier zweimal die Woche blicken, dabei müssten die hier jeden Tag antanzen, bei dem ..."

„... Dreck, den die Schüler hier reinschleppen", unterbricht Hämpel, „ich weiß. Aber ich bin in Eile, habe einen dringenden Termin bei meinem Hausarzt."

„Natürlich, bloß eine Frage: Hat Ihr Hautarzt sich auf Allergien spezialisiert? Ich bin auf der Suche nach einem guten Hautarzt. Wissen Sie, der viele Feinstaub, den wir hier täglich einatmen, ist ..."

„... gesundheitsgefährdend", fällt Hämpel dem Eisbären ein zweites Mal ins Wort, „chronisch progredient. Der akute Krankheitsausbruch ist quasi protrahiert, nur verzögert, ich weiß. Ich bitte um Nachsicht, ich muss jetzt wirklich."

Der Eisbär hält einen Augenblick die Luft an. Dann sagt er hastig: „Nur ein kurzer Gedanke noch." Er breitet die Arme aus und stellt sich in die Mitte des Flures. „Dann sind Sie also auch der Ansicht, dass wir dringend was unternehmen sollten. Aber wir müssen behutsam vorgehen, am besten man startet ..."

„... mit einer Unterschriftenaktion. Ich habe nichts dagegen. Und nun lassen Sie mich endlich vorbei. Mein Hausarzt wartet nicht."

Verblüfft lässt der Eisbär die Arme sinken. Mit offenem Mund sieht er Hämpel hinterher. Er will ihm noch nachrufen, doch bitte an die Adresse vom Hautarzt zu denken, doch Hämpel ist schon auf und davon.

Auf der Straße ruft irgendjemand seinen Namen. Hämpel bleibt stehen und sieht sich um. Da entdeckt er Böger auf der anderen Straßenseite, der ihn heranwinkt. „Gut, dass Sie gerade kommen. Ich brauche nämlich einen Zeugen."

„Warum rufen Sie nicht gleich die Polizei?" Hämpel sieht auf die Uhr. Ihm ist nicht wohl in seiner Haut.

„Längst geschehen", entgegnet Böger, „trotzdem, ein Zeuge ist immer gut, kann nicht schaden, nicht wahr." Dabei zupft er Hämpel am Ärmel und führt ihn direkt zu seinem Auto.

„Sehen Sie sich das an. Ist das nicht eine Sauerei sondergleichen?"

Hämpel sieht ungläubig nach den Heckleuchten. Der Schaden ist schon beachtlich, aber trotzdem übertreibt dieser Böger wieder mal. Ihn interessiert viel mehr die Vorderseite. Hämpel sieht vorsichtig am Kühler herunter. Nummernschild und Stoßstange haben zwar etwas abgekriegt. Aber das kann unmöglich er verursacht haben. Auch Böger beugt sich über den Kühler.

„Das kann doch wohl nicht wahr sein", ruft er empört, „vorne ist ja auch alles kaputt!"

„Jetzt übertreiben Sie aber."

Wenn Hämpel diesen aufgeheizten Böger bloß ein bisschen beruhigen könnte. Er muss sich schleunigst verdrücken, am besten, bevor die Polizei kommt. Zum Glück gesellt sich der Bannemann dazu, der Schweineigel: „Na, hier hat ja einer mächtig gebumst. Der konnte im wahrsten Sinne des Wortes wohl nicht mehr an sich halten, ha, ha, ha." Er ist der einzige, der lacht.

„Halten Sie hier keine großen Reden, sehen Sie sich lieber mal den Schaden an. Ich brauche Sie als Zeugen", sagt Böger gereizt.

„Na, dann wollen wir mal wie von zarter Frauenhand alles gründlich untersuchen. Ist ja schließlich des Mannes bestes Stück", wispert Bannemann.

Für Hämpel eine günstige Gelegenheit, sich aus dem Staub zu machen. Er überquert hastig die Straße und bleibt hinter einem

Baum erst mal stehen. Wenn er bloß wüsste, wo er sein Auto abgestellt hat. Das war heute Morgen alles ein bisschen hektisch. Während er grübelnd weitergeht, kommt er an dem Haus der alten Frau mit dem Hund vorbei. Ob ich bei irgendjemandem einfach mal klingel und mich nach der alten Dame erkundige? Blödsinn, Eddi! Du kennst ja noch nicht einmal ihren Namen. Die Leute würden dich verständnislos angucken oder für einen der unzähligen Werbeboten halten, der sich auf diese Tour Zugang verschaffen will. Willst du hier den barmherzigen Samariter spielen oder was? Sieh mal lieber zu, wie du dem Dr. Schaube eine Krankschreibung aus dem Kreuz leierst. Hämpel findet nach ein paar Umwegen schließlich sein Auto, an der Ecke einer Nebenstraße, ganz in der Nähe der Schule. Prüfend sieht er nach dem Heck: Es ist nichts zu sehen. Der Schaden an Bögers Auto kann unmöglich von ihm stammen. Oder ob seine Hängerkupplung ...

Hämpel fühlt sich irgendwie beobachtet. Richtig, hinter ihm steht ein Mann, der gerade seine zwei Einkaufsbeutel abstellt. „Da haben Sie ja noch mal Glück gehabt", sagt dieser pustend.

„Wie meinen Sie das?" fragt Hämpel ungläubig.

Der Mann ist etwa genauso groß wie er und hat auf dem Kopf nicht ein Haar mehr. Dafür im Gesicht umso mehr. Er trägt einen mächtigen Schnauzbart. Und er hat auffallend dunkle Kulleraugen, die er auch noch weit aufreißt. Seelöwe, fällt Hämpel spontan ein. „So wie ich es gesagt habe. Da haben Sie ja noch mal Glück gehabt."

„Ich verstehe noch immer nicht."

„Dann will ich's Ihnen erklären. Ich hätte Sie abschleppen lassen können."

„Mich?" Hämpel glaubt sich im falschen Film. Der Seelöwe pustet noch immer und bläst dabei die Backen auf. „Quatsch! Ihren Wagen natürlich."

„Was haben Sie denn gegen meinen Wagen?"

„Sie halten den Abstand zur Straßenecke nicht ein. Fünf Meter, das müssen Sie doch wissen."

„Wieso muss ich das wissen?" Hämpel wird ärgerlich. Eddi, was will dieser Seelöwe von dir? Was geht den mein Auto an? Außerdem habe ich nicht die geringste Lust, mich auf ein Gespräch einzulassen. Warum muss ich Esel dem auch Fragen stellen. Mensch, Eddi, so gibst du dem eine Vorlage nach der anderen. Sieh lieber zu, dass du das Spiel hier ganz schnell abbrichst. Mach dich vom Platz!

Der Seelöwe holt tief Luft. „Ich will Klartext mit Ihnen sprechen. Wir machen dieses Affentheater nicht länger mit."

„Wer ist wir, und was meinen Sie mit Affentheater?" Eddi, du Schafskopf, schon wieder eine Vorlage.

„Dass Sie sich hier breit machen, Sie und Ihre Schule. Das sehen wir uns nicht mehr länger mit an."

Hämpel stutzt: „Woher wollen Sie denn wissen ..., ach, egal. Wollen Sie mir nicht endlich mal sagen, worum es hier eigentlich geht?"

„Typisch Lehrer, immer Fragen stellen. Wer fragt, lenkt das Gespräch. Aber mich können Sie damit nicht beeindrucken. Ich möchte, dass Sie selbst darauf kommen. Also bitte, sehen Sie sich doch mal um!" Der Seelöwe hat seine Augen so weit aufgerissen, dass man Angst haben muss, sie würden gleich rauskullern. Hämpel sieht verständnislos um sich. Ihm fällt nichts auf und nichts ein.

Der Seelöwe winkt ihn heran. „Dann sehen Sie sich mal unseren Vorgarten an. Na, dämmert's?"

Zögernd sieht Hämpel über die Buchsbaumhecke. „Na ja, alles grau in grau und ziemlich kahl, was?"

„Na logisch, mitten im November. Biologielehrer sind Sie jedenfalls nicht. So viel steht schon mal fest." Der Seelöwe prustet verächtlich. Dann wird seine Stimme wieder energisch. „Das meine ich doch gar nicht. Sehen Sie denn nicht den vielen Dreck?"

„Natürlich sehe ich den", sagt Hämpel achselzuckend, „bloß, was habe ich damit zu tun? Außerdem muss ich weg."

„Sie sind genau wie Ihre Kollegen. Keiner will mit dieser Schweinerei was zu tun haben. Dabei sind es Ihre Horden von Schülern, die jede große Pause unser Wohngebiet umlagern. Und so sieht es dann hier aus: Zigarettenkippen, Papier, Apfelgriebsche, Bananenschalen, Tüten, Brotreste, Kondome ..."

„Kondome?" unterbricht Hämpel.

„Moment, ich bin noch nicht fertig!" Die Stimme des Seelöwen wird lauter. „Und überall rotzen, aulen und spucken diese Schüler hin. Man trägt das Zeug an den Schuhen bis ins Wohnzimmer. Wir haben die Schnauze voll, verstehen Sie! Und sagt man was, werden sie obendrein frech, diese Lümmel. Ach was, die Mädchen sind auch nicht besser."

„Habe ich richtig gehört? Sagten Sie Kondome?" fragt Hämpel ungläubig.

„Natürlich! Es gibt nichts, was Ihre Horden hier nicht zurücklassen. Sie stehen übrigens gerade drin."

„Drin? Sie meinen, ich bin auf ein Kondom getreten?"

„Quatsch! In eine saftige Aule." Wieder dieses hämische Prusten. Hämpel spürt plötzlich, wie es unter seiner Fußsohle glitscht und glibbert. Er streicht den Schuh an der Bordsteinkante ab.

„Das geschieht Ihnen ganz recht", poltert der Seelöwe weiter, „jetzt merken Sie mal, was wir hier täglich durchmachen. Aber damit ist jetzt Schluss. Das lassen wir uns nicht länger gefallen. Wir werden die Schule auf Schadenersatz verklagen."

„Wer ist eigentlich wir?" will Hämpel wissen, während er auf die Uhr schaut. Warum kann er diesem Gespräch kein Ende machen?

„Na, ganz einfach: die Hausbesitzer und die Mieter. Wir sehen überhaupt nicht ein, dass wir Ihren Dreck wegräumen sollen. Mein Name ist übrigens Löwenberg, Dr. Löwenberg. Ich bin der Vorsitzende der Bürgerinitiative ‚Für ein schülerfreies Wohngebiet'."

Hämpel stutzt. „Sagten Sie Löwenberg? Das ist jetzt aber wirklich interessant." Eddi, da ist dir ja mal wieder ein super Treffer geglückt. Auf deine Intuition kannst du dich jedenfalls noch verlassen.

Während Hämpel sich noch freut, wird der Seelöwe richtig böse. „Passen Sie mal auf, ja. Sie müssen nicht denken, dass Sie mich verarschen können. Diese Lehrermanieren machen auf mich keinen Eindruck. Aber jetzt ist sowieso Schluss. Die Zeit des Redens ist vorbei. Ab jetzt geht alles nur noch über den Rechtsanwalt."

Hämpel hebt beschwichtigend die Hände: „Hier liegt ein Missverständnis vor. Ich will's Ihnen erklären, aber nun beruhigen Sie sich doch erst mal ..."

„Missverständnis? Erklären?" unterbricht ihn lautstark der Seelöwe mit hochrotem Gesicht. „Hier gibt's keine Missverständnisse zu erklären. Die Fakten liegen klar auf dem Tisch. Sie räumen doch den Müll nicht weg, den Sie hier täglich in unserem Wohngebiet abkippen!"

„Ich kippe überhaupt keinen Müll hier ab. Lassen Sie bitte diese Unterstellungen!" Auch Hämpels Stimme wird jetzt lauter.

„Typisch Lehrer!" Der Seelöwe holt tief Luft. Seine Augen treten hervor wie bei einem Chamäleon. Sein Kopf droht zu platzen. „Keiner will's gewesen sein. Alle stehlen sie sich aus der Verantwortung. Dabei gehören Sie doch zu dieser Goetheschule – oder? Na sehen Sie. Also sind auch Sie ein Rädchen in diesem verlotterten Getriebe. Also sind auch Sie Schuld an dieser Schweinerei hier!"

„Jetzt gehen Sie aber entschieden zu weit. Das muss ich mir nicht gefallen lassen." Erbost geht Hämpel zurück zu seinem Auto, steigt ein und startet den Motor.

Durch die geschlossene Scheibe hört er den Seelöwen brüllen: „Ja, ergreifen Sie ruhig die Flucht. Ihre Autonummer habe ich längst der Polizei gemeldet. Sie kriegen eine gepfefferte Anzeige. Und lassen Sie sich hier nie wieder blicken. Sonst schleppe ich Sie gleich ab!"

Hämpel macht die Autotür einen Spalt weit auf. „Lernen Sie erst mal richtig Deutsch", bellt er hinaus, knallt die Tür zu und fährt an. Nach ein paar Metern bremst er scharf und setzt den Wagen dieselbe Strecke wieder zurück. Dann lässt er die Scheibe herunter und ruft aus dem Auto: „Herr Dr. Löwenherz, Sie können sich abregen. Ich werde mein Auto hier nie wieder abstellen. Und wissen Sie warum? Weil mir Ihre Wohngegend zu dreckig ist. Sehen Sie sich doch mal Ihren Vorgarten an!"

Dann gibt er Gas, hört den Seelöwen aber noch brüllen: „Wir sehen uns vor Gericht wieder, Sie und Ihre ganze Assischule!"

Arzttermin

Vor der Praxis

Verdrießlich steigt Hämpel aus dem Auto. Eddi, was bist du bloß für ein Esel? Da hast du dir mit diesem Seelöwen mal wieder ein echtes Eigentor geschossen. Brüllst dich auf offener Straße mit ihm an. Als ob dir die Geschichte mit Frau Siebenholz nicht schon genug in den

Knochen steckt. So eine Schlange – wunderschön, aber voller Giftzähne! Seine Halsschlagader pocht so stark, dass die Zähne reagieren. Er braucht dringend einen Termin beim Zahnarzt. Vielleicht könnten die Zahnhälse ein bisschen eingepinselt werden. Oder es handelt sich um eine Nervenreizung, dann müsste er sich doch mal beim Neurologen vorstellen. Aber es gibt keinen Neurologen, der nicht auch Psychiater wäre. Nichts fürchtet Hämpel mehr als diese Seelenfummler, die einen hilflos auf der Couch haben wollen, damit man von seinem Bauchgefühl erzählt. Nix da! Er bleibt bei seinem bewährten Hausarzt. Der hatte bis jetzt immer ein paar Pillen für ihn übrig, so zur Beruhigung oder etwas zum Aktivieren, zur inneren Erbauung oder ganz einfach nur zur Verbesserung der allgemeinen Befindlichkeit.

Irgendwer zupft ihn am Ärmel: „Entschuldigung, helfen Sie mir?“ Ein Junge, elf oder zwölf Jahre alt, hält ihm einen Zehn-Euro-Schein hin. Er ist ganz außer Puste und sieht schmuddlig und ein bisschen verstört aus.

„Was ist denn, Junge?“ fragt Hämpel verwundert.

„Ich brauche den Schein gewechselt.“ Der Junge hechelt noch immer.

„Ja, ich will mal sehen. Warum willst du ihn denn wechseln?“

„Mein Vater will Zigaretten. Die soll ich holen jetzt. Im Geschäft gibt’s doch keine für mich, nur am Automaten. Da muss man aber Münzen reinstecken.“

„Wie bitte? Bei den Automaten braucht man doch eine Karte“, erwidert Hämpel ungläubig, „die sind doch alle umgestellt worden.“

„Na klar“, bestätigt der Junge, „aber der bei uns nicht. Der wurde vergessen einfach.“

Hämpel legt seine Stirn in Falten. Irgendwie kommt ihm die Sache nicht geheuer vor.

„Normalerweise darfst du noch gar keine Zigaretten kaufen.“

„Ja, aber wenn ich ohne Zigaretten nach Hause komme, gibt’s Schläge wieder.“

„Schläge? Wieso denn Schläge? Was sagt denn deine Mutter dazu?“

„Wenn Vater besoffen ist, dann haut sie ab einfach. Ich war auch schon weg, bin abgehauen. Zur Strafe hat er mich vor der Tür stehen lassen draußen. Und dann musste ich mal dringend und habe hingekackt irgendwo. Und die Leute haben sich aufgeregt im Haus. Dafür durfte ich einen ganzen Tag nichts essen. Damit ich nicht soviel scheiße, hat mein Vater gesagt." Flehend hält der Junge den Zehn-Euro-Schein hin.

„Das ist ja furchtbar", sagt Hämpel, während er das Geld zusammensucht: Einen Fünf-Euro-Schein und ein paar Münzen. Müsste man nicht das Jugendamt einschalten? Das ist ja schon kriminell: Aussperrung, Essensentzug. Wer weiß, was so mancher Schüler täglich durchmacht. Davon kriegen wir in der Schule gar nichts mit. Höchstens, wenn sie total verrückt spielen, auffällig werden.

„Wo gehst du denn zur Schule?" Hämpel versucht, sich langsam vorzutasten. Man muss dem armen Kerl doch irgendwie helfen. Als er dem Jungen das Geld gibt, zittert der so, dass ihm eine Münze runterfällt. Beide bücken sich.

„Was sagen denn die Lehrer, beim Elternabend oder so?"

„Ich will nicht, dass mein Vater auf den Elternabend kommt. Der ist oft besoffen. Da sehen ihn meine Freunde dann."

„Und deine Mutter?"

Der Junge tritt von einem Bein aufs andere. „Die geht immer zur Kneipe abwaschen abends. Die kann auch nicht kommen."

„Du meinst gehen", verbessert Hämpel, „sie kann nicht zum Elternabend gehen."

„Ja", sagt der Junge trocken. Er fängt wieder an zu hecheln. „Ich muss los jetzt."

Der Junge gibt Hämpel die Hand und macht einen tiefen Diener. Hämpel ist gerührt. Das es so etwas noch gibt. Trotzdem muss er noch einmal fragen: „Und die Zigaretten kaufst du wirklich nur für deinen Vater?"

„Ich will doch nicht den Arsch voll kriegen dauernd."

„Kann ich dir denn sonst irgendwie helfen? Oder sprich doch mal mit eurem Sozialpädagogen. Ihr habt doch bestimmt einen an der Schule. Ist der nett?"

„Ja, Frau Zeckenauer, die ist sehr nett. Die war schon mal bei uns zu Hause sogar. Und mein Vater war gut drauf, hatte nur ein bisschen was intus. Aber er hat immer Frau Beckenbauer zu ihr gesagt und da ist sie gegangen gleich wieder. Ich muss wirklich los jetzt, bin schon viel zu lange weg. Wenn Vater besoffen ist, will er nicht alleine sein. Ich will nicht schon wieder was abkriegen dauernd."

Der Junge hat es jetzt sehr eilig. An der Straßenecke winkt er noch einmal. Hämpel winkt zurück. Nachdenklich sieht er die Straße entlang, dann geht er in die Praxis.

Im Wartezimmer

Das Wartezimmer ist zum Glück nicht voll: nur zwei Frauen, die sich angeregt unterhalten. Hämpel holt seinen Skandinavienkatalog hervor und blättert. Doch die Unterhaltung der beiden Frauen stört ihn. Dann lieber ein volles Wartezimmer, wo alles durcheinander spricht wie im Lehrerzimmer und man nichts mitbekommt. Aber diese beiden nerven. Die ältere scheint ein bisschen begriffsstutzig zu sein, und die jüngere hat eine penetrante Stimmlage. Als irgendwann das Wort Lehrerkalender fällt, horcht Hämpel auf.

Die Jüngere: „Haben Sie schon mal einen Lehrerkalender in der Hand gehabt?"

Die Ältere: „Nein, aber einen von der Polizei. Mein ältester Enkel arbeitet nämlich bei der Polizei. Ein tüchtiger Junge. Bestimmt wird er mal Wachtmeister oder sogar Oberwachtmeister. Nur die Uniformen sehen so hässlich aus. Finden Sie nicht auch?"

Die Jüngere: „Ja – äh, soll ich Ihnen mal sagen, was auf den ersten Seiten zu sehen ist?"

Die Ältere: „Auf welchen Seiten?"

Die Jüngere: „Na, vom Lehrerkalender."

Die Ältere: „Ja, sagen Sie. Nein! Ich will lieber raten. Ich denke mal die Telefonnummern vom Notarzt oder von der Polizei, falls was passiert oder so. Wenn ein Schüler wieder auf die Lehrer schießt oder wenn ein Mädchen missbraucht worden ist. Das kommt jetzt immer öfter vor. Erst gestern stand in der Zeitung, dass ..."

Die Jüngere: „Mag ja sein. Das meine ich aber nicht. Also, gleich auf den ersten Seiten ist zu sehen ..."

Die Ältere: „Meinen Sie jetzt die ersten Seiten von der Zeitung?"

Die Jüngere: „Nein, ich rede doch vom Lehrerkalender!"

Die Ältere: „Aber das habe ich doch schon gesagt. Ich denke die Nummer von der Polizei."

Die Jüngere: „Das ist aber nicht richtig. Passen Sie auf: Auf den ersten Seiten im Lehrerkalender stehen die Feeeriien!“

Die Ältere: „Wirklich?“

Die Jüngere: „Na, wenn ich Ihnen das sage! Ferien, nichts als Ferien. Und zwar gleich für die nächsten Jahre.“

Die Ältere: „Ja, das ist aber wirklich interessant.“

Die Jüngere: „Wieso interessant? Das ist eine Unverschämtheit, eine Dreistigkeit sondergleichen. Daran wird doch deutlich, dass die Lehrer zuerst an ihre Ferien denken. Dann kommen seitenweise Kalender. Wahrscheinlich, damit die Lehrer eintragen können, was sie an den freien Nachmittagen machen. Und erst dann kommen die Stundenpläne und Zensurenlisten. Aber zuerst die Ferien. Nur daran denken die.“

Die Ältere: „Ja, was soll man dazu sagen? Das ist ja schlimmer, als die Polizei erlaubt. Kann man denn gar nichts dagegen machen? Ich werde mal meinen Enkel fragen.“

Die Jüngere: „Ach was! An das Schulamt muss man sich wenden. Am besten gleich ans Ministerium. Hier muss von ganz oben was passieren. Soll ich Ihnen mal was sagen? Mein Mann schuftet bis zum Umfallen, verzichtet auf seinen Urlaub, nur um seinen Job zu behalten. Verstehen Sie?“

Die Ältere: „Wie, bei dem Job bekommt er keinen Urlaub?“

Die Jüngere: „Nein! Ich habe gesagt: Er verzichtet auf seinen Urlaub.“

Die Ältere: „Der steht ihm doch aber zu.“

Die Jüngere: „Natürlich steht ihm der zu. Aber er verzichtet freiwillig auf die drei erbärmlichen Wochen. Und diese Lehrer haben ein Vierteljahr Ferien. Zwölf Wochen frei, und das Jahr für Jahr. Verstehen Sie?“

Die Ältere: „Ja, schon, aber was passiert mit den Lehrern Jahr für Jahr?“

Die Jüngere: „Mit denen passiert eben gar nichts. Das ist es ja gerade. Ich habe gesagt, die bekommen pro Schuljahr ein ganzes Vierteljahr ...“

Die Arzthelferin kommt. Sie ruft nach der älteren Patientin. Hämpel atmet erleichtert auf. Endlich hat dieses schwachsinnige Gequatsche ein Ende. Die Jüngere rückt ihren Stuhl in Richtung

Hämpel und guckt ihn erwartungsvoll an. Um den Kopf herum sieht sie aus wie eine gerupfte Ente, findet Hämpel. Er beugt sich vor und blättert beschäftigt in seinem Katalog. Eddi, nur keinen Blickkontakt, sonst bist du ihr nächstes Opfer. Aber die Ente lässt sich nicht so leicht abschütteln: „Entschuldigung, was sagen Sie dazu?"

„Wozu? Ich habe nicht zugehört." Hämpel stellt sich unwissend, versucht, das Gespräch noch abzuwenden.

„Na, zu dem Lehrerkalender. Haben Sie schon mal einen gesehen?"

„Äh, ja, nein, ist mir jetzt nicht so bewusst", nuschelt Hämpel. „Interessiert mich auch nicht weiter. Außerdem habe ich zu arbeiten."

Die Ente bleibt hartnäckig: „Sollte Sie aber. Ich will's Ihnen sagen: Auf den ersten Seiten des Lehrerkalenders steht nichts weiter als ..."

„Als Ferientermine. Ich weiß. Nur Ferientermine", fällt Hämpel ihr gereizt ins Wort, ärgerlich, dass er sich schon wieder in ein Gespräch verwickeln lässt.

Die Ente: „Sie haben ja doch zugehört! Sind Sie etwa Lehrer?"

„Wie kommen Sie denn darauf?" Hämpel fühlt sich ertappt.

„Na, Sie sehen so aus und reden auch so. Lehrer hören doch immer alles und mischen sich überall ein. Außerdem haben Sie eben gesagt, Sie haben zu arbeiten, dabei blättern Sie in einem Ferienkatalog. Das ist doch typisch Lehrer, nennen das gleich Arbeit. Da müssen Sie mir doch Recht geben. Oder?"

Hämpel muss schlucken. Er ist verunsichert und sucht nach Worten. Ihm fällt aber nichts ein. Wie kommt diese Schnatterente darauf, dass man einen Lehrer am Blättern eines Kataloges erkennt? Alle Deutschen blättern in irgendwelchen Reisekatalogen. Schließlich sind wir Weltmeister im Verreisen. Und was heißt hier, Lehrer mischen sich überall ein? So ein Unfug! Die hat mich doch angequatscht. Schon wieder ist der Hemdskragen zu eng. Die Arzthelferin kommt und bittet ihn ins Sprechzimmer. Hämpel stutzt: „Wieso, die Dame ist doch vor mir dran."

Die Arzthelferin: „Nein, nein, das geht schon in Ordnung so."

„Das verstehe ich nicht. Die Dame war doch vor mir im Wartezimmer."

Die Arzthelferin: „Die Patientin ist zum EKG bestellt, da hängt bloß gerade jemand dran, aber Sie können jetzt reingehen zum Doktor.“

Die Ente: „Ich wusste gleich, dass Sie ein Lehrer sind. Lehrer wollen nämlich immer Recht behalten.“

Hämpels Kragen droht zu platzen. „Wann, wo und wie wollte ich bitteschön Recht behalten? Ich hatte nur nicht die Absicht, mich vorzudrängeln! Aus reiner Höflichkeit, verstehen Sie?“ Schnaubend packt er seinen Katalog in die Aktentasche und geht zum Sprechzimmer. Eddi, du bist heute aber auch ein Esel von der blödesten Sorte. Was lässt du dich denn mit dieser Schnatterente ein! Dabei weißt du ganz genau, dass Dummheit und Dreistigkeit dich auf hundertachtzig bringen. Das bekommt dir nicht, denk an deinen Blutdruck. Warum muss dir auch im entscheidenden Augenblick immer nichts einfallen. Du warst doch früher ausgesprochen schlagfertig. Das sind die Nerven, Eddi, du lässt zu viel Nerven in der Schule. Und wenn’s darauf ankommt, bist du nicht fit. Mal sehen, was der Arzt sagt. Bis jetzt hat er mir ja immer was mitgegeben. Aber dieser gerupften Ente hätte ich zu gern noch ein paar gehörige Takte gesagt ...

Im Sprechzimmer

Dr. Schaube: „Guten Tag, Herr Hempel, kommen Sie rein. Sie haben sich ja lange nicht blicken lassen. Geht’s gut in der Schule? Na ja, sind ja bald wieder Ferien. Nehmen Sie Platz, Herr Hempel.“

„Hämpel mit ä bitte. Mein Name wird mit ä geschrieben und auch so ausgesprochen.“

„Na freilich. Habe ich nicht Hempel gesagt?“

„Ja, Sie haben Hempel gesagt. Aber das ist es ja gerade. Sie sagen nicht Hämpel.“

Dr. Schaube hält kurz die Luft an. Er ist klein und untersetzt. Alles an ihm ist irgendwie rund, der Kopf, die Knubbelnase, der Bauch, die fleischigen Hände, die er unentwegt knetet, selbst die Brille, durch die er seinen langjährigen Patienten nachdenklich ansieht. Mit sanftem Tonfall fragt er: „Ihnen geht’s nicht gut, nicht wahr? Was macht uns denn Probleme, Herr Hempel?“

„Das Problem ist, dass alle meinen Namen falsch aussprechen. Ich werde mit ä geschrieben. Verstehen Sie?“ Hämpel fühlt sich plötzlich so klein und schwach, außerdem wollte er doch was ganz anderes ansprechen. Aber es sprudelt nur so aus ihm heraus. „Mich regt das so tierisch auf, dass die Leute den Unterschied von Ä und E einfach nicht begreifen wollen. Schauen Sie: Niemand käme auf die Idee Älefant zu sagen. Hier sind die Leute doch auch in der Lage, das E klar und deutlich auszusprechen, also Elefant. Aber bei dem Wort ätzend geht's schon los. Die Leute sagen etzend statt ätzend. Verstehen Sie?“

Dr. Schaube legt seine schwere Hand behutsam auf Hämpels Schulter und sieht ihn mitfühlend an. „Ich verstehe, das mit dem Ä ist freilich ein großes Problem. Wie geht es Ihnen denn sonst so, Herr Hempel, äh, Härr Häämpel? Sie sehen erschöpft aus. Sind Sie erschöpft, Härr Häämpel, habe ich Recht?“

„Was heißt erschöpft? Ich bin vielleicht ein bisschen müde. Nach einem Arbeitstag in der Schule wird man wohl ein bisschen müde aussehen dürfen. Diesen Job mache ich seit 37 Jahren. Ein bisschen Stress, ein bisschen Müdigkeit, das stecke ich weg wie nichts. Da bringt mich das dumme Gequake dieser Schnatterente in Ihrem Wartezimmer schon eher aus der Fassung.“

„Wie bitte?“ Dr. Schaube zieht seine Hand abrupt zurück, „bei mir gibt es keine Enten im Wartezimmer? Ich bin Internist und kein Tierarzt!“

„Aber natürlich, Dr. Schaube“, versucht Hämpel richtig zu stellen, „ich meinte ja nur eine Patientin, die jetzt gerade am EKG hängt, die hat nun wirklich gequasselt wie eine Schnatterente.“

Dr. Schaube ist pikiert: „Ich habe auch keine Schnatterenten als Patienten. Ich führe eine seriöse Praxis und das seit Jahren. Kürzlich feierten wir unser zwanzigjähriges Bestehen. Da war hier Tag der offenen Tür. Schade, dass Sie meiner Einladung nicht gefolgt sind. Wissen Sie, was hier los war? Selbst der Stadtrat ist gekommen, der Stadtrat für Gesundheit und Soziales, und der Kreisarzt der Ärztekammer. Der Bürgermeister wäre auch gekommen, wenn er nicht krank gewesen wäre. Ich persönlich habe ihn krankgeschrieben. Das musste mal sein. Der Mann war ja völlig überarbeitet. Aber er hat mich angerufen, höchstpersönlich. Sie sehen, ich führe eine – äh, irgendetwas wollte ich Ihnen noch sagen. Ach so, bei mir hängt niemand am EKG, höchstens mal am Tropf, wenn jemand kollabiert. Wie kürzlich Frau Wehmeier, die müssten Sie eigentlich kennen, wohnt ganz in Ihrer Nähe. Eine kleine Injektion, Grippeschutz, wissen Sie, und plötzlich fällt sie mir vom Stuhl. Eigentlich nicht weiter schlimm, aber jetzt will sie mich verklagen, Impfschaden und so. Na, die soll mir mal kommen. Haben Sie schon die Grippeschutzimpfung, Herr Hempel? Würde ich Ihnen dringend raten, bei Ihrem Beruf."

„Ich dachte mehr an etwas Aufbauendes oder Beruhigendes."

Dr. Schaube: „Na, dann wollen wir erst mal den Blutdruck messen. Wie geht's uns denn so? Sie sehen arg geschröpft aus, erschöpft, meine ich. Die Schüler schlauchen ganz schön, was? Oh, oh, 190, ein bisschen viel."

„Ich denke, es müssten so 240 sein", verbessert Hämpel, während er hörbar ausatmet.

Dr. Schaube: „Ausgeschlossen, dann wären Sie gar nicht mehr am Leben."

„Doch, doch, das ist aber allgemein bekannt. Ein Lehrer hat an einem Schultag mit etwa 240 verschiedenen Menschen im engeren Sinne und mit circa 875 Menschen im weiteren Sinne zu tun. Die Schüler auf dem Hof zur Aufsicht nämlich mitgerechnet. Aber die können einem ja auch ganz schön zu schaffen machen."

Dr. Schaubes Stimme bekommt wieder einen auffallend sanften Ton: „Aber natürlich, Herr Hempel, 875 Schüler im weiteren und 240 im engeren Sinne. Ihr Blutdruck ist deswegen aber trotzdem 190 hoch und nicht 875. Nein, nein, es sind 190 zu 110. Der systolische Wert macht mir Sorgen, ja, ja, und der diastolische macht mir richtig Kummer." Dr. Schaube setzt sich an den Computer und gibt die Werte ein. Dabei spricht er leise vor sich hin: „Primäre essentielle Hypertonie, Relaxationsstörungen nur noch eine Frage der Zeit, Zunahme des pulmonalarteriellen Druckes ebenso, vaskuläre Hypertrophieprophylaxe indiziert, Neigung zu psychogenen Frustrationsaggressionen, ausgeprägte Psychosomatik, Stressfaktor zu hoch, Ruhephasen zu kurz – der alte Knabe ist für eine Psychotherapie fällig ..."

Hämpel hat die ganze Zeit die Ohren gespitzt, doch plötzlich ruft er: „Die zehn Euro!“

Dr. Schaube legt eine Hand beruhigend auf seine Schulter: „Die können Sie nachher Schwester Monika geben. Ich fürchte nur, die Rechnung wird heute ein bisschen höher ausfallen.“

„Dieser Lausebengel hat mir gar nicht die zehn Euro gegeben!“ Hämpel ist aufgesprungen und kramt wild in seinen Taschen.

Auch Dr. Schaube ist aufgestanden und drückt Hämpel vorsichtig zurück auf seinen Platz. Er spricht langsam und leise und mit viel Wärme in der Stimme: „Die Schüler, nicht wahr, die können einen ganz schön schlauchen.“ Dabei nickt er verständnisvoll.

„Nein, nein“, wehrt sich Hämpel, „dieser kleine Mistkäfer von Rotzbengel hier vor Ihrer Praxis!“

Dr. Schaube stemmt die Arme in die Hüften. „Also, Herr Hempel, ich muss doch sehr bitten. In und vor meiner Praxis gibt es weder Rotzbengel noch Mistkäfer. Nun setzen Sie mal keine Gerüchte in die Welt. Sie machen mir heute einen sehr gereizten Eindruck. Aber helfen lassen wollen Sie sich auch nicht. Haben Sie schon mal daran gedacht, den Arzt, äh, ich meine, die Arbeit zu wechseln. – Nanu, was war denn das für ein Freudscher Fehler?“

„Dieser Lausebengel hat mich um zehn Euro geprellt. Das hat man nun von seiner Hilfsbereitschaft. Übrigens spricht man von Freudscher Fehlleistung und nicht vom Freudschen Fehler.“

Dr. Schaube schüttelt den Kopf und sieht ungeduldig auf die Uhr. „Das weiß ich. Ich bin schließlich auch Psychotherapeut.“

„Ach so, seit wann denn das?“ fragt Hämpel verblüfft. Er mag keine Psychologen, Psychiater und Psychotherapeuten. Vor vielen Jahren saß er mal einem gegenüber. Der breitete abstrakte Bildchen aus, musterte ihn mit seinem stechenden Röntgenblick und stellte gemeine Fangfragen. Hämpel wehrte sich und schwieg eisern. Als der Psychiater dann mit ihm Memory spielen wollte, ist er aufgestanden und einfach gegangen, mit dem festen Entschluss, so eine Praxis nie wieder zu betreten.

Dr. Schaube ist noch immer ungehalten. „Aber Herr Hempel, das ist jetzt gut und gern fünf Jahre her, dass ich mit dieser zweiten Facharztausbildung aufgesattelt habe, weil die psychischen Belastungen so gravierend zunehmen. Die Hälfte aller meiner Patienten sitzt doch wegen psychosomatischer Beschwerden hier. Ihnen geht's doch auch nicht viel besser. Das steht doch groß und deutlich auf meinem Praxisschild, äh, ich meine, dass ich auch noch Psychotherapeut bin."

„Mich haben bisher nur die Sprechzeiten interessiert." Hämpel will es immer noch nicht in den Kopf, wie er das in all den Jahren überlesen konnte.

„Wissen Sie, was mich diese Fortbildung gekostet hat?" Dr. Schaube geht unruhig auf und ab. „Ich habe ein Recht auf den Titel klinischer Psychotherapeut. Ich verstehe nicht, wie man das übersehen kann. Das steht doch groß und deutlich auf dem Schild: Internist und klinischer Psychotherapeut!"

Jetzt ist es Hämpel, der seinen Hausarzt zu beruhigen versucht. „Aber Herr Doktor, kein Grund zur Aufregung. Jetzt weiß ich ja Bescheid. Ich bin ja eigentlich nur gekommen, weil ich was zur Beruhigung brauche und ein bisschen was zum Aufbauen, zur Nervenstärkung, für die Psyche, verstehen Sie? Sie kennen als klinischer Psychotherapeut sicher wirksame Psychopharmaka, damit ich mein seelisches Gleichgewicht wiederfinde. Sie haben mir früher doch immer etwas mitgegeben, hier aus Ihrem Schrank."

Dr. Schaube sitzt wieder hinter seinem Schreibtisch und wiegt den Kopf hin und her. „Ich weiß, ich weiß, aber die Zeiten sind rauer geworden. Die Pharmavertreter knausern mit jeder Probepackung, sind längst nicht mehr so spendabel wie früher. Außerdem, wissen Sie, diese ewige Symptombehandlung. Wenn Sie das Passionsalter, äh, das Pensionsalter erreichen wollen, beruflich natürlich, dann müssen wir ein bisschen gründlicher vorgehen. Wir müssen an die Wurzeln des Übels, verstehen Sie? Ich stelle Ihnen jetzt ein Rezept aus, alles andere macht Schwester Monika. Lassen Sie sich von ihr einen Termin geben, möglichst kurzfristig." Während Dr. Schaube schreibt, sein Kopf wackelt dabei, fügt er gedankenversunken noch hinzu: „Und tun Sie mir einen Gefallen, seien Sie nett zu ihr. Sie macht gerade wieder eine Beziehungskrise durch. Scheint dieses Mal besonders schlimm zu sein. Immer diese Männergeschichten, na ja." Dr. Schaube ist aufgestanden und drückt Hämpel das Rezept in die Hand. „Alles klar, Herr Hempel? Na sehen Sie, das wird schon wieder. Also dann, bis bald, auf Wiedersehen."

Vor dem Sprechzimmer steht Hämpel etwas verloren da und hält ungläubig das Rezept in der Hand. Das ging jetzt alles ein bisschen schnell. Irgendwie hat ihn der Arzt überrumpelt, abgeschoben. In der Anmeldung ist auch niemand. Das verstärkt bei Hämpel noch den Eindruck, dass er mit seinen Sorgen im Stich gelassen wird. Im Nebenzimmer ist deutlich die Schnatterente zu hören. Hämpel öffnet den Hemdskragen und drückt ungeduldig die Klingel. Schwester Monika kommt, sie sieht wirklich ein bisschen mitgenommen aus, nimmt ihm wortlos das Rezept aus der Hand, schreibt am Computer, druckt Formulare aus und reicht sie ihm rüber. Kostenvoranschlag überfliegt Hämpel, schwindelnde Summen, unzählige Sitzungen. „Ausgeschlossen!“ protestiert er, „ich lege mich doch hier nicht auf die Bahre!“

Schwester Monika: „Bei uns liegt niemand auf der Bahre. Wir sind hier nicht in der Pathologie. Sie kommen höchstens auf die Liege. Dort haben Sie sich schon x-mal befunden zum Abtasten von Magen, Darm, Leber und Milz. Und jetzt nimmt sich der Doktor mal das Labyrinth in Ihrem Gehirn vor. Wo ist da der Unterschied? Na also! Hier ist der Termin. Wir fangen am besten noch vor Weihnachten an. Das Fest soll doch auch für Sie schön werden – oder? Na also!“

Hämpel wehrt ab: „Ich werde nicht kommen. Da bin ich mir ganz sicher. Ich brauche etwas, damit ich wieder Boden unter den Füßen kriege, das mich aufrichtet und nicht, um auf der Couch flachgelegt zu werden.“ Hämpel lockert noch einmal seine Krawatte und geht, ohne sich zu verabschieden.

Dr. Schaube kommt in die Anmeldung. „Na, wie hat unser durchgeknallter Lehrer reagiert? Hat er der Psychotherapie zugestimmt?“

Schwester Monika: „Der ziert sich ja wie eine Zicke am Strick.“

Dr. Schaube: „Aber nicht mehr lange, denn der ist längst überfällig. Der will bloß nicht zugeben, dass er mich braucht. Sie müssen wissen, Lehrer, das ist kein Beruf. Lehrer, das ist eine Diagnose ...“

Auf der Straße hält Hämpel Ausschau nach dem Lausebengel. Dann betrachtet er ungläubig das Praxisschild. Eddi, wie konnte dir das nur passieren. Dein Hausarzt schult um zum Seelenfummler, und du merkst das noch nicht mal. Na gut, dann wirst du dir halt einen neuen Arzt suchen. Jetzt musst du aber erst mal den Einkauf erledigen.

Im Supermarkt

Dichtes Schneetreiben. Schlechte Sicht. Keine freien Parkplätze. Hämpel umkreist den Supermarkt dreimal, bis direkt vorm Eingang ein Autofahrer den Platz räumt. Warum soll Hämpel nicht auch mal Glück haben? Wo ist nur dieser verhexte Einkaufszettel geblieben? Im Suchen hat Hämpel Ausdauer, denn er sucht oft: Autoschlüssel, Wohnungsschlüssel, Fahrradschlüssel, Schulschlüssel, Kellerschlüssel, Schreibtischschlüssel, Geldkassettenschlüssel. Natürlich könnten alle an einem großen Schlüsselbund Platz finden, aber was passiert, wenn das verloren geht? Sollte der Autoschlüssel abhanden kommen, kann er immer noch das Fahrrad aus dem Keller holen. Außerdem beult ein großes Schlüsselbund die Jacketttasche aus. Hämpel hat nicht die Nerven für ein großes Schlüsselbund. Irgendwann findet sich alles wieder – so wie der Einkaufszettel in der Brieftasche, wo sonst. Rasch überfliegt er die einzelnen Positionen: 2 x Mehl, 2 x Zucker, 3 x Salami, 1 x Frischwurst, 2 x Fischsalat, 12 x Jogurt, 20 x Milch, 3 x Käse, 20 x Säfte, Brot, Brötchen,... Hämpel atmet tief durch. Hier fehlen ja die exakten Angaben! Woher soll ich denn wissen, was für ein Brot, was für Säfte, was für Käsesorten – so ein Käse aber auch! Dass Frauen nie klar und deutlich sagen können, was sie wollen. Wenn ich so meinen Unterricht vorbereiten würde! Ratlos sieht Hämpel auf die verschiedenen Mehlsorten. Ratlos steht er vor dem Kühlregal mit den Molkereiprodukten.

Die Stimme eines Vaters, der auffallend laut mit seinem Kind redet, stört seine Konzentration. Unsicher greift er nach einer Käsesorte. Unsicher legt er sie wieder zurück. Neben ihm ertönt wieder die nervige Stimme des Vaters: „Schau, Berta-Loisa, jetzt haben wir für die Tomaten diesen Mozzarella. Ich finde, wir sollten noch einen Gorgonzola nehmen oder einen Géramont. Was meinst du?“

Das Kind: „Ja, ja, die da. Nein, die da, nein, die da. Ja, die da.“

Der Vater: „Ach, du meinst den Castello? Einverstanden, mein Engelchen.“

Verwundert beobachtet Hämpel das Geschehen. Das wild gestikulierende Kind sitzt noch im Einkaufswagen und ist höchstens drei oder vier Jahre alt. Das Gequengel der Kleinen stört ihn nicht, aber dafür das exaltierte Getue des Vaters. Hämpels Hemdkragen wird eng.

Der Vater betont laut und artikulierend: „Schön, Berta-Loisa. Wir müssen noch an Jogurt denken. Schau mal, mein Sonnenschein, sollen wir den Jogurt mit 3,5 Prozent Fett nehmen oder diese Sorte hier mit nur einem Prozent Fett? Zuviel tierische Fette sind nicht gesund, aber sie sind ein nicht zu unterschätzender Geschmacksträger. Wofür sollen wir uns entscheiden?"

Das Kind: „Das da, ja, das da, und das auch."

Der Vater: „Also beide. Ich bin einverstanden. Trotzdem müssen wir noch an Hanna-Lena und Karl-Gustav denken. Ich weiß bloß nicht, wer welchen Jogurt mit welchem Fettgehalt isst. Du bist so lieb und hilfst mir mal."

Hämpel bleibt die Spucke weg. Das Schlucken mit trockenem Mund fällt schwer. Er räuspert sich und spricht den Vater an, so ruhig wie möglich: „Finden Sie nicht, dass Sie ein bisschen übertreiben?"

Der Vater: „Wie bitte?"

Hämpel: „Sie haben doch eben Ihrem Kind den Unterschied zwischen einem 3,5-prozentigen und einem einprozentigen Jogurt erklärt. Ist das nicht ein bisschen früh für dieses Alter?"

Der Vater: „Wie bitte?"

Hämpel wird nervös: „Schauen Sie, was versteht ein Kind in diesem Jahr – äh – in diesen Jahren seines Alters von Prozenten?"

Der Vater schweigt und setzt ein betont fragendes Gesicht auf. Das irritiert Hämpel noch mehr. Er verhaspelt sich: „Ich meine, das Erklären von Fettgehältern – äh – ist das nicht ein bisschen zu viel Jogurt – äh – ich meine zu viel des Guten für ein Gartenkind, Kindergartenkind?"

Der Vater: „Wie bitte?"

Hämpel schnappt nach Luft. Der Mund ist trocken. Die Pupillen sind verengt. Seine Stimme wird lauter: „Was heißt hier, wie bitte? Sie verstehen besser als ich, um was es hier eigentlich geht. Sie erklären Ihrem Kind Dinge, von denen es noch gar keine Ahnung hat und lassen es dann auch noch entscheiden. Wissen Sie eigentlich, was das Kind in ein paar Jahren mit seinen Lehrern machen wird?"

Der Vater: „Wie bitte?"

Hämpel sieht im Spiegel des Kühlregals sein Gesicht: rote Flecken, aufgerissene Augen, Zornesfalten auf der Stirn, verzerrter Mund. O nein, was bist du für ein Scheusal, Eddi! Du siehst ja furchterregend aus. Wenn deine Schüler dich so sehen, dann hast du das Spiel verloren, bevor es überhaupt begonnen hat. Eddi, was gibst du dich auch mit diesem Wichtigtuer ab. Schone deine geschundenen Nerven. Mit schnellen Schritten entfernt er sich vom Ort des Geschehens, im Rücken die Stimme des Vaters. „Berta-Loisa, hast du verstanden, was der Herr von uns beiden wollte?"

Hastig erledigt Hämpel seinen Einkauf. Der Fettgehalt des Jogurts ist ihm im Augenblick völlig egal. Bloß raus hier, denn die laute Stimme des Vaters verfolgt ihn bis in den letzten Winkel des Supermarktes. Auf dem Weg zur Kasse greift Hämpel nach drei Tafeln Schokolade, eine für sich und zwei für die 5b für morgen. Die Kleinen kann man mit etwas Süßem noch ruhig halten, wenigstens eine Zeit lang. Er muss nur darauf achten, dass er die Schokolade extra bezahlt, von seinem Taschengeld. Sonst gibt es Ärger mit Nathalie, die mit Argusaugen seinen Süßigkeitenverbrauch kontrolliert. Die nervige Stimme des Vaters kommt wieder bedrohlich näher. Er steht mit dem Einkaufswagen direkt hinter Hämpel und erklärt seinem quengelnden Kind und allen Wartenden die ernährungsphysiologischen Aspekte einer Vollwertkost.

Dieses Getue ist ja nicht zum Aushalten. Warum sagt denn hier keiner was? Hämpel fühlt seinen Puls: 120 in der Minute. Eilig legt er seinen Einkauf aufs Band. Die Kassiererin fragt zweimal, ob noch etwas zu bezahlen wäre, doch da tippt ihm schon jemand auf die Schulter. „Entschuldigung. Spiegelfinger ist mein Name. Ich bin hier der Hausdetektiv. Zeigen Sie mal bitte, was Sie in der Manteltasche haben."

Hämpel fällt aus allen Wolken, als die drei Tafeln zum Vorschein kommen. Wie kann man nur so schusselig sein! Daran ist nur dieser aufgeblasene Auerhahn von Vater Schuld. Höflich, aber bestimmt, fordert der Hausdetektiv Hämpel auf, ihm zu folgen. Ein Spießrutenlauf durch den gesamten Supermarkt! In einem Nebenraum muss er eine gründliche Taschenkontrolle über sich ergehen lassen. Hämpel kann es immer noch nicht fassen. Er – ein gemeiner Ladendieb. Wenn das jemand in der Schule erfährt! Mit Händen und Füßen redet er auf den Hausdetektiv ein, versucht das Missverständnis aufzuklären, seine Schuld zu mindern, das Schlimmste abzuwenden. Alles vergeblich, die Polizei ist bereits da.

„Guten Tag, Oberwachtmeister Jäger mein Name, und das ist Wachtmeister Rempeler ..."

„Rempeler mit e oder ä bitte?" fragt Hämpel dazwischen. Diese Frage ist ihm wichtig.

„Mit e, Wachtmeister Rempeler mit drei e bitte."

Der Oberwachtmeister macht eine zur Ordnung rufende Handbewegung. Er führt hier schließlich das Verhör. Unwirsch wendet er sich an den Hausdetektiv: „Die Personalien haben Sie ja schon aufgenommen, sehr korrekt. Wie schwerwiegend ist das Vergehen? Drei Tafeln Schokolade – na ja, trotzdem unkorrektes Verhalten, Diebstahl bleibt Diebstahl, nicht wahr, Herr Hempel? Was sind Sie denn berufshalber?"

Hämpel: „Sie meinen von Beruf. Warum ist denn das so wichtig? Ich habe diese drei Tafeln irgendwie in Gedanken ..."

„Ja ja, das kennen wir alles. Also: Die Fragen stelle ich hier. Beruf, Arbeitgeber, falls Sie ein Wiederholungstäter sind oder nicht korrekt zahlen wollen, dann treiben wir das Geld schon ein." Oberwachtmeister Jäger fragt, Hämpel antwortet und Wachtmeister Rempeler schreibt, manchmal mit Mühe. Hämpel schaut ihm über die Schulter und gibt hin und wieder kleine Hinweise. Als er Gymnasium buchstabieren will, fährt der Oberwachtmeister dazwischen: „Schluss jetzt, wir machen hier keinen auf Schule! Sie wissen also Bescheid: Halbes Jahr Hausverbot, bei unkorrektem Benehmen fünfhundert Euro Geldstrafe. Jetzt geht Ihr Vergehen noch mal mit einem Bußgeld ab. Einzahlungsfrist innerhalb von vierzehn Tage."

„Sie können sich auf mich verlassen, Herr Jägermeister. Mein Verhalten wird korrekt sein, und das Geld zahle ich selbstverständlich pünktlich ein, innerhalb von vierzehn Tage*n*."

Die beiden Polizisten sehen sich an. Wachtmeister Rempeler unterdrückt ein Schmunzeln. Oberwachtmeister Jäger verzieht den Mund. „Recht so. Wenn Sie sich keine weiteren Unkorrektheiten zu

Schulden kommen lassen, dann müssen wir hier nicht solche Verhandlungen ansetzen. Deswegen verzichten wir auch auf den Gruß ‚Auf Wiedersehen'. Na dann." Die beiden gehen.

Der Hausdetektiv begleitet Hämpel durch den Verkaufsbereich bis hinter die Kassen und verabschiedet sich höflich mit einem Nichts-für-ungut. Hämpel atmet tief durch. Er muss erst mal wieder zu sich selbst finden. So etwas Peinliches ist ihm noch nie passiert. Hauptsache, es erfährt niemand etwas in der Schule. Aber wie bringt er diese dumme Geschichte bloß Nathalie bei? Gedankenversunken und mit schweren Schritten geht Hämpel zum Auto und verstaut den Einkauf. Als er einsteigen will, tippt ihm schon wieder jemand auf die Schulter. „Sie stehen im Parkverbot. Ach, das sind Sie ja schon wieder, Herr Hempel. Haben Sie noch mehr von diesem unkorrekten Benehmen drauf?"

Hämpel: „Wieso Parkverbot? Das verstehe ich nicht. Als ich kam, stand dieses Schild doch gar nicht hier, Herr Wachtmeister."

„Oberwachtmeister Jäger, bitte. Das Schild kann sich ja wohl nicht allein hier aufgestellt haben."

„Das meinte ich doch gar nicht. Verstehen Sie, ich kam vom Arzt, es schneite und es war dunkel, da ..."

„Gegen Abend ist grundsätzlich mit zunehmender Dunkelheit zu rechnen. Ihr Fahrzeug steht genau hier in der Einfahrt für die Lieferfahrzeuge, genau hinter dem Parkverbotsschild. Das sehen doch alle."

„Aber als ich kam, war es völlig zugeschneit. Es muss gerade eben jemand sauber gemacht haben."

„Jetzt kommen Sie uns mal nicht mit solchen Märchen. Falsch Parken, das macht zwanzig Euro. Sie können auch überweisen, brauchen nicht bar zahlen."

„Zu zahlen", verbessert Hämpel.

„Wie bitte? Ich wiederhole: Sie brauchen nicht zuzahlen, es geht um exakt zwanzig Euro, nicht mehr und nicht weniger. Und in Zukunft geben Sie mehr Achtung, dann sparen Sie sich nämlich viel Ärger."

„Und viel Geld", ergänzt Wachtmeister Rempeler, während Hämpel kopfschüttelnd die zwanzig Euro rüberreicht. Geld und Quittung wechseln die Besitzer.

Der Oberwachtmeister: „Und jetzt bewegen Sie bitte Ihr unkorrekt abgestelltes Fahrzeug aus dem Parkverbot. Also, gute Fahrt."

„Ja, gute Fahrt", antwortet Hämpel tonlos. Was für ein Tag. Was sagt er bloß zu Hause? Mit weichen Knien steigt er ein und fährt los.

Montagabend

Mit weichen Knien steigt Hämpel aus dem Auto. Um die Einkaufssachen kann sich Etienne kümmern. Der schluckt schließlich das meiste an Fruchtsäften weg. Jetzt muss ich erst mal die Straße inspizieren, ob irgendein blindes Huhn tagsüber ein Parkverbotsschild aufgestellt hat. Er geht die Straße einmal rauf und runter. Selbst wenn es ein neues Verkehrsschild gäbe, Hämpel hätte es nicht gesehen. An der Haustür bleibt er zögernd stehen. Am besten, er geht doch noch mal zum Auto zurück. Wenn er schwer beladen nach Hause kommt, dann kann er vielleicht auf ein bisschen Mitgefühl hoffen. Er darf gar nicht daran denken: zehn Euro Verlust durch den Lausebengel, fünfzig Euro Strafe wegen angeblichen Diebstahls, ein halbes Jahr Hausverbot bei Aldi, zwanzig Euro fürs Falschparken. Wie bringt er das bloß Nathalie bei? Sie ist eine zauberhafte Frau, aber bei Geld versteht sie keinen Spaß. Sie wird ihm die achtzig Euro vom Taschengeld abziehen. Das heißt, er wird viermal nicht ins Stadion können. Bei diesem Gedanken werden die Knie noch weicher.

Mit schweren Schritten schleppt er sich die Treppe hoch. Der Pitbull in der ersten Etage schlägt hinter der Tür sofort an. Soll Hämpel die Treppe hoch schweben? Mit einem Zehnerpack Fruchtsäfte unter dem linken und der Aktentasche unter dem rechten Arm drückt er den Klingelknopf. Er keucht ein bisschen schneller und lauter als sonst.

Nathalie empfängt ihn aufgeregt: „Aber chéri, das kann doch Etienne machen! Wo warst du denn die ganze Zeit? Warum hast du nicht angerufen? Weißt du überhaupt, wie spät es ist? Was ist passiert?"

„Was soll denn passiert sein? Welche von deinen Fragen soll ich eigentlich beantworten?"

„Da fragst du noch? Ich saß mit Herrn Linker hier ganz allein über der Steuererklärung. Und dann rief dauernd eine Frau an und wollte dich dringend sprechen, Frau Siebholz oder so. Sie meinte ...“

„Ich kann den Namen Siebenholz nicht mehr hören!“ unterbricht Hämpel.

„Schrei mich nicht so an. Hör doch erst mal zu.“

„Ich schreie nicht, ich höre sehr wohl zu, und ich weiß Bescheid: Sie hat mich bei der Schulleitung angeschwärzt und will, dass ihr Lausebengel in die Parallelklasse kommt.“

„Davon hat sie nichts gesagt. Sie wollte sich noch mal bedanken für das freundliche Gespräch. Du wärst so einfühlsam gewesen und verständnisvoll. Sie mag dich wohl?“

„Wie, was, mögen?“ fragt Hämpel immer noch gereizt. „Unfug! Sie hat mich um meine Mittagspause gebracht.“

„Richtig, davon sprach sie auch. Du hättest dir richtig viel Zeit genommen und ihr geduldig zugehört. Kommst du deswegen so spät?“

„Unfug! Ich hatte danach noch zwei Stunden Unterricht. Ich war beim Arzt und dann einkaufen. Das sieht man doch.“

„Rede vernünftig mit mir.“ Auch Nathalies Worte werden schärfer. „Das dauert doch nicht über vier Stunden.“

Hämpel gerät unter Druck: „Ich musste beim Arzt warten, volles Wartezimmer und so, lange Schlangen an der Kasse, Umleitung, Verkehrsstau. Warum kommt man wohl so spät? Was weiß ich! Dafür gibt’s tausend Gründe!“

„Mir genügt der eine, die Wahrheit, mon trésor.“ Das Telefon klingelt. „Das wird sie wieder sein, geh ran, chéri.“

Hämpel hebt abwehrend beide Hände: „Sage ihr, ich bin noch nicht zu Hause.“

„Das wird sie mir nicht glauben. Komm, beeile dich!“

„Dann sage ihr, ich bin schon wieder los.“

„Ich denke nicht daran. Du gehst jetzt sofort ans Telefon!“ Nathalie kann kommandieren wie ein Feldwebel. „Ich will hören, wie du mit ihr sprichst.“

„Und ich will nicht, dass du so mit mir sprichst!“ Sie hält ihm auffordernd das Telefon hin. Hämpel nimmt es in die Hand wie eine heiße Kartoffel. „Ja, hallo“, haucht er unsicher hinein, unter den prüfenden Augen Nathalies. „Sie muss aufgelegt haben“, stellt er erleichtert fest.

Eine blöde Situation ist das, in die er da hineingedrängt wurde, zumal Nathalie hartnäckig bleibt. „Du hast also gewusst, dass sie es ist.“

„Wieso ich? Du hast doch gesagt, es wird Frau Siebenholz sein.“

„Wenn sie in zwei Stunden fünfmal anruft, was soll ich denn sonst denken?“

„Diese Frau bringt mich noch um den Verstand. Erst klaut sie mir meine Mittagspause, dann scheißt sie mich beim Konrektor an, diese falsche Schlange, und jetzt gibt sie immer noch keine Ruhe. Die will mich fertig machen, diese Kreuzotter. Und das alles wegen ihrem verdammten Lausebengel, diesem faulen Sack, diesem Stinktier!“

„Aber chéri, du verlierst ja jede Contenance!“

Es klingelt erneut. Nathalie drückt auf den Lautsprecherknopf. Wütend greift er nach dem Hörer und bellt hinein: „Hämpel! Nehmen Sie zur Kenntnis, dass ich es ablehne, Ihren Bengel, äh, Ben, weiter zu unterrichten. Ich werde bei der Schulleitung alle nötigen Schritte veranlassen, dass er noch in diesem Schulhalbjahr in die Parallelklasse kommt. Je eher desto besser. – Hallo? Haben Sie mich verstanden? Hallo?“

Die Stimme aus der Hörmuschel: „Aber Herr Hempel, Sie sind ja immer noch so aufgebracht. Nun beruhigen Sie sich mal wieder.“ Hämpel traut seinen Ohren nicht: der Konrektor. „Irgendwo gab es ein kleines Kommunikationsproblem, ein Missverständnis. Frau Siebenholz zeigte sich ausgesprochen kooperativ. Und warum? Sie war sehr angetan von dem Gespräch mit Ihnen. Sie haben gute Arbeit geleistet. Der Junge bleibt selbstverständlich in Ihrer Klasse.“

„Und wenn ich jetzt nicht mehr will? Es kann einfach nicht sein, dass dieser Flegel uns bis in die Abendstunden beschäftigt. Wissen Sie, wie spät es ist?“

„Aber natürlich weiß ich das. Ich wollte Ihnen nur sagen, dass die ganze Sache wieder in Ordnung ist, in Ihrem ureigensten Interesse.“

„Tausend Dank. Aber das hätten Sie mir doch auch morgen sagen können.“ Hämpel verdreht die Augen. Der gefürchtete Schwindel setzt wieder ein. Er muss sich setzten.

„Morgen, ja richtig. Gut, dass Sie das sagen. Also wegen morgen, da hätte ich noch eine kleine Bitte an Sie ...“

„Etwa schon wieder eine Vertretungsstunde in der 6b?“ unterbricht Hämpel, „in diese Chaotenklasse gehe ich nie wieder. Frau Blindkorn hat die Schüler ja überhaupt nicht im Griff.“

„Nun bleiben Sie mal ganz ruhig, Herr Hempel. Frau Krachmeyer kam heute nach dem Unterricht zu mir: die Stimme, die Nerven, na ja. Und da wollte ich Sie fragen ...“

„Wie bitte, Musik? Wie soll ich denn Musik unterrichten? In welcher Klasse denn überhaupt?“

„In der 5c. Das ist eine ganz ruhige fleißige Klasse. Und warum? Die Schüler sind noch im Probehalbjahr. Also, keine Sorge. In diesem Alter singen die Schüler noch ganz gern. Als Religionslehrer werden Sie doch ein paar Kirchenchoräle drauf haben, hi, hi.“

„Das kann doch nicht Ihr Ernst sein.“

„Ach, Herr Hempel, Sie verstehen aber auch gar keinen Spaß. Also, mal im Ernst: Singen Sie mit den Kindern ein paar Weihnachtslieder.“

„Mitten im November?“

„Warum denn nicht? In den Geschäften werden bereits Ende August Spekulatius und Weihnachtsmänner angeboten.“

„Jetzt übertreiben Sie aber.“

„Ich mache Ihnen mal einen Vorschlag: Ich habe noch eine CD mit amerikanischen Weihnachtsliedern. Die mögen die Kinder besonders gern. Ich bringe sie morgen mit.“

„Damit füllt man doch keine Unterrichtsstunde. Höchstens zwei Lieder, dann ist die Luft raus. Und was mache ich dann?“

„Dann erklären Sie den Unterschied zwischen Dur und Moll, Forte und Piano oder erzählen Sie was über Cantus Firmus.“

„Davon verstehe ich nichts.“

„Ach, Herr Hempel, nun stellen Sie sich mal nicht so bockbeinig. Dann lassen Sie die Kinder eben den Notenschlüssel zeichnen – zur Stabilisierung der Feinmotorik.“

„Welchen, den Bass- oder den Violinenschlüssel?“

„Ja, äh, den mit den vielen Kringeln, denke ich mal.“

„Für den Violinenschlüssel bekam ich schon als Schüler eine Fünf.“

„Herr Oberstudienrat Hempel!“ Die Stimme in der Hörmuschel wird laut und energisch. „Machen Sie mit der 5a von mir aus was Sie wollen. Hauptsache, Sie sind pünktlich und schlagen nicht wieder mit dem Lineal auf den Tisch. Schalten Sie die Klasse auf ruhig. Nebenan wird eine Klausur geschrieben.“

„Ja, wenn das so ist“, antwortet Hämpel erleichtert, „dann habe ich einen anderen Vorschlag. Ich könnte doch die Aufsicht bei der Klausur übernehmen und eine musikalisch begabtere Kollegin ...“

„Ausgelehnt – äh, ausgeschlossen! Abgelehnt! Und warum? Ich lasse mir doch nicht den gesamten Vertretungsplan durcheinander bringen. Den habe ich heute Nachmittag persönlich ausgehängt. Wenn ich jetzt noch den individuellen Wünschen Einzeller, äh, Einzelner nachgäbe, dann hätten wir morgen das absolute Chaos.“

„Das haben wir doch auch so.“

„Wie bitte? – Herr Hempel, wissen Sie eigentlich, wie spät es ist? Wir haben alle einen anstrengenden Arbeitstag hinter uns. Und warum? Na, das muss ich Ihnen wohl nicht sagen. Ich kann also morgen mit Ihnen rechnen?“

„Aber natürlich. Und warum? Weil man seit 37 Dienstjahren, tagein tagaus, mit mir rechnen kann. Daran wird sich in den noch verbleibenden 951 Tagen nichts ändern. Bis morgen, auf Wiederhören.“ Seufzend legt Hämpel den Hörer auf.

Nathalie streichelt ihm über den Rücken: „Komm, chéri, lass uns Abendbrot machen.“

„Ich geh noch mal zum Wagen, die Sachen holen.“

„Das kann doch Etienne machen.“

„Ja, wo ist er denn?“

Nathalie zuckt mit den Schultern: „Eigentlich wollte er nach dem Training gleich nach Hause kommen.“

„Eigentlich hatten wir mal besprochen, dass er beim Wocheneinkauf mithilft. Na ja, ich mach das schon ...“

„Ich komme mit.“

Schweigend schleppen sie die Kartons hoch. Schweigend packen sie die Sachen aus und verstauen sie im Küchenschrank. Ab und zu stutzt Nathalie, wenn sie Mehl, Wurst oder Käse in den Händen hält. Aber sie sagt nichts. Schweigend bereiten sie das Essen vor. Schweigend decken sie den Tisch. Schweigend nehmen sie die Mahlzeit ein. Wer sechs bis acht Stunden reden muss, dessen Gesprächsbedarf ist für den Rest des Tages gedeckt, besonders bei den Männern. Nathalie würde schon ganz gern ein bisschen plaudern. So unterbricht sie ab und zu die Stille: „Schling nicht so, chéri – trink langsam – denk an deinen Magen – hast du die Tabletten genommen? – das ist jetzt das dritte Glas, und du musst noch an den Schreibtisch.“

Hämpel atmet tief durch. Ja, er muss noch an den Schreibtisch: Den Unterricht für Morgen vorbereiten, einen Exkursionsantrag stellen, die Einladung für den Elternsprechtag schreiben, das heißt, die Namenslisten gefährdeter und auffälliger Schüler durchsehen, die Fragen für eine Leistungskontrolle in der 9a formulieren, die Tests von der 7b und 8a korrigieren, denn die Schüler fordern seit drei Wochen ihre Arbeiten zurück. Aber auf Hämpels Schreibtisch warten noch mehr unerledigte Arbeiten: der Abschlussbericht von der Klassenfahrt, das Begründungsschreiben für einen erteilten Tadel, zwei Protokolle über den Bruch einer Fensterscheibe und über Graffitischmierereien im Klassenzimmer, der Antrag für einen neuen Overheadprojektor und vor allem die Themen für das schriftliche Abitur.

Hämpel sieht zur Uhr und atmet noch einmal tief durch. Am liebsten würde er einen Antrag auf vorzeitige Pensionierung stellen. Heute schreiben, morgen abgeben und übermorgen zu Hause bleiben. Doch er weiß von Kollegen, die das gewagt haben, wie lang, verschlungen, steinig und dornenreich die Behördenwege sind. Wenn der Bescheid kommt, hat er das Pensionsalter sowieso erreicht.

Schweigend steht Hämpel auf und fängt an den Tisch abzuräumen. Nathalie hält ihn am Arm fest: „Ich esse noch, mon lapin.“ (mein Häschen)

„Ach so, natürlich, entschuldige bitte.“ Gedankenversunken setzt er sich wieder und schnieft geräuschvoll durch die Nase. Die Vertretungsstunden machen ihm zu schaffen, besonders in unbekannten Klassen, wo die Schüler ihm auf den Zahn fühlen, wie weit sie gehen können. Immer wieder sieht er zur Uhr, mit beiden Händen die Oberschenkel reibend.

Nathalie lächelt ihn an: „Geh ruhig an deinen Schreibtisch. Ich mach das schon ...“

Hämpel räumt im Arbeitszimmer erst einmal auf und sortiert, von rechts nach links, von oben nach unten, von vorn nach hinten und umgekehrt. Als der Unterrichtstag für Dienstag vorbereitet ist, zeigt die Uhr 22.15 Uhr. Hämpel atmet tief aus und nimmt sich den Hefter Unerledigtes vor. Einladung zur Lehrerweiterbildung, Thema: Burn-out-Syndrom und Stressmanagement. Wieder mal ein Alibiversuch des Schulamtes, um die erhitzten Gemüter der Lehrer zu beruhigen. Alle vier, fünf Jahre kommt dieses Thema auf die Tagesordnung. Dann wird immer ein Therapeut vom Schulpsychologischen Dienst eingeflogen, der für die Probleme der Lehrer zwei offene Ohren und viel Verständnis hat. Einige der Kollegen arbeiten auch fleißig mit, outen sich und breiten die persönlichsten Dinge aus. Hämpel ist das immer peinlich, er orientiert sich dann lieber an denen, die schwatzen und Blödsinn machen. Und der Großteil des Kollegiums liest sowieso Zeitung, korrigiert Arbeiten oder döst vor sich hin. Doch für die Weiterbildung in diesem Jahr wurde vorgearbeitet. Die Kollegen trugen Gründe zusammen, warum Lehrer heutzutage immer früher ausgebrannt und deprimiert sind und ihren Job vorzeitig quittieren. Hämpel kam die ehrenvolle Aufgabe zu, das Material zu sammeln, zu sichten und als Diskussionsgrundlage vorzubereiten. In zwei Tagen ist Termin und das Ganze befindet sich noch immer im Entwurfstadium. Hämpel überfliegt seine Stichpunkte Schülerverhalten von A bis Z: Arbeitsverweigerung – Beleidigungen – Desinteresse – Frechheiten – Gähnen – Gleichgültigkeit – Ignoranz – Krach – Langeweile – Machogehabe – Provokationen – Quatschen – Sauereien – Überheblichkeit – Verwahrlosung – Wohlstandsstumpfsinn – Zwischenrufe.

Hämpel atmet noch einmal tief durch. Er weiß, alles nichts Neues. Müde guckt er auf das zweite Blatt. Hausgemachter Stress auf Grund der Schulstruktur: Die Belastung durch ständig neue Projekte, die nach ein oder zwei Jahren sowieso wieder im Sande verlaufen. Oder: Die verordnete Hilflosigkeit der Lehrer durch die Abschaffung der Kopfnoten wie Gesamtverhalten oder Ordnung. Wie soll ein Lehrer das Fehlverhalten eines Schülers in der Pause pädagogisch auffangen, wenn er ihn im Unterricht gar nicht hat und noch nicht einmal seinen Namen kennt? Manche Schüler nutzen das gnadenlos aus.

Hämpel bricht ab und legt die Entwürfe beiseite. Schon seit etlichen Jahren muss er darüber nachdenken, ob das die wahren Gründe sind, dass so viele Lehrer vorzeitig vom Platz genommen werden. Es wird wohl die permanente Ablehnung sein, die dem Lehrer von allen Seiten entgegenschlägt, und die fehlende Anerkennung. Kein Mensch verkraftet das über Jahrzehnte. Selbst Mutter Teresa, der Inbegriff für Aufopferung und Selbstlosigkeit, erntete fleißig Beachtung, ganz abgesehen von ihrem Friedensnobelpreis. Unter diesen Umständen würde Hämpel locker noch mal 37 Jahre schaffen. Aber heute Abend schafft er gar nichts mehr. Nathalie kommt herein, nimmt seinen Kopf in beide Hände und küsst ihm auf die Stirn: „Es ist spät geworden, lass uns ins Bett gehen, mon chat.“ (mein Katerchen)

Bei Hämpels im Bett

Hämpel ist todmüde und ausgepowert. Doch er kann nicht einschlafen. Nathalie kann es auch nicht. Sie liest und wartet auf ihn, manchmal zwei, manchmal drei Wochen. Aber Hämpels Lustpegel auf die Sinnesfreuden steht auf Null, erst recht nach so einem Tag. Nicht mal mehr in den Spielansetzungen des nächsten Bundesligaspieltages kann er blättern. Drei, vier Seiten, und schon verschwimmen Zahlen und Zeilen vor seinen Augen.

In den wenigen Minuten vor dem Einschlafen muss Hämpel oft über Sinn und Unsinn seines Berufes nachdenken. Wie oft hat er heute zum Beispiel Redewendungen mit dem Wort Ruhe verknüpft: Ruhe bitte – Nun seid doch endlich mal ruhig – Das geht auch etwas ruhiger – Eine Unruhe herrscht hier – Wollt ihr wohl endlich ruhig sein – Dauernd diese Ruhestörungen – Ihr seid aber auch eine unruhige Klasse – Jetzt herrscht hier aber Ruhe! Natürlich sind das alles unpädagogische Äußerungen. Aber Hämpel hat nicht mehr die Ruhe, jede Störung auszudiskutieren, wie er es noch in der Anfangszeit seiner Lehrerlaufbahn tat. Außerdem tröstet es ihn, wenn er im

Klassenzimmer nebenan weitaus jüngere Kollegen auch nur unpädagogisch „Ruhe“ brüllen hört. Trotzdem, in den letzten Jahren nagen mehr und mehr die Selbstzweifel an seinem beruflichen Selbstbewusstsein. 83 Prozent des mühsam vermittelten Unterrichtsstoffes vergessen die Schüler sowieso wieder. Was soll das tägliche Ringen um den pädagogischen Fokus und die didaktische Reduktion.

Oder: Schreibt eine Schülerin Einsen und Zweien, dann heißt es, sie ist begabt, intelligent und interessiert. Ist ein Schüler faul, desinteressiert und krebst bei Vieren und Fünfen herum, dann ist der Lehrer schuld. Die Liste der Vorhaltungen ist lang: Er ist zu alt, pädagogisch zurückgeblieben, oberlehrerhaft, rechthaberisch, unflexibel, ungeduldig, lustlos, desinteressiert, konfliktunfähig, umständlich, langweilig, müde und ausgebrannt. Kurz: Er ist einfach unfähig. Aber wann und vor allem von wem bekommt ein Lehrer schon mal gesagt, dass er fähig ist? Von den Schülern und deren Eltern? Von den Kollegen, von der Schulleitung oder gar von der Schulbehörde? Obwohl Hämpel es auf seiner Karriereleiter bis zum Oberstudienrat gebracht hat, kann er sich nicht an ein Wort der Wertschätzung oder Anerkennung von irgendeiner Seite erinnern.

Er gähnt geräuschvoll. Noch 951 Tage. Manchmal zweifelt er, ob er sie noch schafft. Vielleicht hätte er sich für morgen doch krank melden sollen. Mal drei, vier Wochen ausspannen und nahtlos übergleiten zu den Weihnachtsferien. Eine Kur gegen psychosomatische Beschwerden wäre auch nicht verkehrt. Die wird sogar Woche um Woche verlängert, wenn sich keine Besserung einstellt. Er kennt Kollegen, jüngere natürlich, die fahren alle paar Jahre zur Kur. Herr Bannemann, dieser Schweinigel, hat es mit seinem Reizdarm und der chronischen Augengrippe schon mal auf ein Vierteljahr gebracht. Hämpel atmet tief durch. Ein bisschen Erholung würde auch ihm mal gut tun. Seine Augenlider werden schwer. Der Bundesligaspielplan sinkt auf die Bettdecke. Hämpel überlegt, wie er seinem Arzt eine sechswöchige Kur abringen kann. Aber dieser Seelenfummler wird wieder von seiner Therapie anfangen. Ich werde ihm sagen: Ich brauche erst einmal ein bisschen Ruhe, Abstand und was Aufbauendes. Doch ich höre schon, was er antworten wird: Diese ewige Pfuscherei an den Symptomen! Wir müssen an die Ursachen. Es ist die Schule, nicht wahr? Nun geben Sie es doch zu.

Hämpel seufzt tief und gähnt erneut. Eines Tages sieht er sich doch auf der Couch landen. Im Halbschlaf hört er Dr. Schaube fragen: „Was fällt Ihnen beim Stichwort Schüler denn alles ein? Lassen Sie los und reden Sie Ihren ganzen Frust von der Seele, Herr Hempel."

„Hämpel mit ä bitte."

Dr. Schaube: „Namen sind Schall und Rauch. Reden Sie über Ihre Schüler. Freie Assoziationen bitte!"

„Sokrates sagt ..."

Dr. Schaube: „Der interessiert hier nicht! Was wollen Sie Ihren Schülern morgen vermitteln?"

„Antigewalttraining beim Umweltschutz, nein, Vererbungslehre beim heiligen Martin, ach Quatsch, ich bin ein bisschen durcheinander ..."

Dr. Schaube: „Konkreter, bitte! Sie müssen doch wissen, was Sie morgen unterrichten wollen!"

„Das steht alles in der Exceltabelle. Ich war der erste, der die Planung für das Halbjahr abgegeben hat."

Dr. Schaube: „Trotzdem wissen Sie nicht Bescheid. Wie fühlt sich das an, wenn man sich nicht korrekt verhält?"

„Nicht korrekt? Ich bin nach dem langen Tag ein bisschen vergesslich."

Dr. Schaube: „Die drei Tafeln Schokolade vergisst man doch nicht so einfach." Die Stimme wird immer energischer und lauter.

Hämpel kommt auf seiner Couch ins Schwitzen. „Der Detektiv hat gesagt, dass niemand etwas erfährt, wenn ich nicht rückfällig werde."

Dr. Schaube beugt sich bedrohlich über Hämpel. „Rückfällig! Bei mir liegen Sie bereits auf dem Rücken. Mir können Sie nichts vormachen. Also, wo haben Sie die zehn Euro gelassen?"

„Die hat doch der Junge."

„Sie haben dem Hendrik eine Bananenschale versprochen, wenn er Ihnen die Parklücke freihält. Warum haben Sie ihn betrogen und falsch geparkt?" Dr. Schaube packt Hämpel an der Schulter und drückt ihn fester auf die Couch. „Das wird teuer. Außerdem müssen Sie noch die Rückleuchten bezahlen."

Hämpel ringt nach Luft: „Nathalie streicht mir das Taschengeld."

Dr. Schaube wird immer größer: „Dann gibt's eben keinen Fußball mehr. Hier kommen Sie nicht eher raus, bis Sie mir alles gesagt haben." Er hat auf einmal eine grüne Uniform an. Und dann sind es plötzlich zwei Polizisten. Beide halten ein Sieb in der Hand und reden laut auf ihn ein: „Warum verschweigen Sie die Siebe. Dafür gibt es Stadionverbot. Sie sollten Siebe kaufen."

Die beiden Polizisten packen Hämpel an den Armen und schnallen ihn auf der Couch fest. Dr. Schaube, der den Pitbull vom Nachbarn am Halsband hält, gibt lautstark die Befehle. Der Pitbull fletscht die Zähne. Jeden Moment kann er sich losreißen. Eine übergroße Schlange nähert sich züngelnd dem Kopfende der Couch. Hämpel zerrt mit Händen und Füßen an den Lederriemen. Er droht zu ersticken. Wie konnte er sich nur auf die Psychotherapie einlassen! Dr. Schaube und die Polizisten fuchteln immer wilder mit den Sieben vor seinen Augen. Jetzt sind auch noch der Konrektor, der Schüler Hendrik, Frau Siebenholz und Dr. Löwenberg im Raum. Die Schlange zeigt ihren übergroßen Giftzahn. Der Pitbull hat sich losgerissen und beißt in Hämpels Handgelenk. Alle brüllen durcheinander: „Sie haben wieder versagt, Siebe für die Haare der Schüler, die Eltern sind bitter enttäuscht, sie warten auf die Siebe. Überall verstopfen in den Schulen die Abflüsse, ständig rutschen die Schüler auf herumliegende Bananenschalen aus, nur weil Sie nicht auf den Vertretungsplan gucken. Dort steht groß und deutlich dran Siiiebe, hören Sie, Siiiiiebe ...!"

Mit einem lauten Schrei fährt Hämpel hoch. Der Rücken ist klatschnass. Irritiert greift er nach seinen Handgelenken – um den Puls zu fühlen. Nathalie fasst ihn an die Schulter und redet beruhigend auf ihn ein: „Chéri, das mit dem Sieb habe ich heute Morgen doch nicht so gemeint. Du musst dich nicht so aufregen."

Stöhnend sinkt Hämpel zurück ins Kopfkissen. Unsicher fragt er: „Habe ich noch mehr Blödsinn erzählt?"

„Nein, du hast nur schlecht geträumt."

„Ich muss dir noch was sagen. Heute im Supermarkt nämlich ..." Hämpel sucht verzweifelt nach Worten. Doch Nathalie kommt ihm zuvor: „Ich weiß doch Bescheid, mon doudou." (mein Sanfter)

„Wie, du weißt Bescheid?"

„Na ja, du hast wieder mal viel zu teuer eingekauft. Ist doch nicht so schlimm.“

Hämpel nimmt einen zweiten Anlauf. „Das meinte ich ja gar nicht. Ich habe heute aus Versehen drei Tafeln Schokolade ...“

„Ach, mon chou-chou (mein Kohlköpfchen), bist du wieder schwach geworden? Deswegen hat dir das Abendbrot wohl nicht geschmeckt.“

„Nein“, seufzt Hämpel, „es war ganz anders. Sie waren plötzlich in meiner Manteltasche ...“

„Calme-toi, mon doudou (beruhige dich). Wie wäre es denn, wenn du mal wieder bei mir schwach werden würdest ...“

„Es war doch alles viel schlimmer ...“

„Ach, chéri, mein kleiner Schlimmer, das ist doch jetzt nicht wichtig.“ Nathalies Hand streichelt sanft über seine Brust. „Là, tout doucement, mon chat“ (na, ganz ruhig, mein Katerchen), flüstert sie ihm ins Ohr.

Hämpel atmet tief durch: „Du musst schon ein bisschen lauter sprechen. Mein Tinnitus.“ Diese Verknotungen in seinem Kopf! Den ganzen Tag lang wollten alle möglichen Leute was von ihm. Da soll man keine Albträume kriegen.

„Chut, viens près de moi, mon lapin“ (komm zu mir, mein Häschen), flüstert sie.

Die Streicheleinheiten tun gut. Hämpels Starre taut unter der Wärme ihrer zarten Hand.

„Viens près de moi, dans mes bras“ (komm, dass ich dich umarme). Sie schmiegt sich dicht an seinen Körper. Ihr Streicheln wird inniger. „J’ai envie de toi, mon bijou“ (ich habe Lust auf dich, mein Schmuckstück), haucht sie. Hämpel schließt selig die Augen und rekelt sich behaglich. „Ma biche“ (mein Rehlein), flüstert er kaum hörbar. Wenn er Nathalie nicht hätte. Wie oft hat sie ihn mit ihrer Liebe zurück ins Leben geholt, wie oft neuen Mut gegeben. Nur sie schafft es, die Schule wenigstens aus dem Schlafzimmer zu verbannen. Dieser verkorkste Tag scheint doch noch gut zu werden. Wieder flüstert sie ihm werbend etwas ins Ohr, und Hämpel antwortet mit tiefem Gähnen. Seine verspannten Muskeln werden allmählich locker. Der Tinnitus gibt nach. Sein Puls stabilisiert sich. Der Kopf ist endlich frei. Er atmet ruhig und gleichmäßig. Hämpel ist eingeschlafen ...